MANUEL D'INSTRUCTION

NATIONALE

PAR

EMMANUEL VAUCHEZ

OUVRAGE CONTENANT 21 GRAVURES.

DEUXIÈME ÉDITION

PARIS

LIBRAIRIE HACHETTE ET Cie

79, BOULEVARD SAINT-GERMAIN, 79

1885

MANUEL

D'INSTRUCTION

NATIONALE

Coulommiers. — Imp. P. BRODARD et GALLOIS

MANUEL D'INSTRUCTION

NATIONALE

PAR

EMMANUEL VAUCHEZ

OUVRAGE CONTENANT 21 GRAVURES.

DEUXIÈME ÉDITION

PARIS

LIBRAIRIE HACHETTE ET Cie

79, BOULEVARD SAINT-GERMAIN, 79

1885

MANUEL
D'INSTRUCTION NATIONALE

CHAPITRE PREMIER

LA FRATERNITÉ

D'où nous viennent les biens qui rendent l'existence agréable et douce, la nature avec ses aspects si variés et si beaux, le ciel avec ses splendeurs changeantes et ses immenses profondeurs? ce n'est pas nous qui les avons créés.

La ville que nous habitons, les monuments qui l'embellissent et l'illustrent ne sont pas notre œuvre personnelle. Il a fallu bien des efforts accumulés pour faire surgir, ou pour réaliser dans leurs détails, les merveilles de génie et de savoir qui nous environnent. A qui est due la découverte de cette électricité qui, en quelques secondes, peut apporter d'un bout du monde à l'autre la nouvelle de nos espérances ou de nos craintes? Qui a trouvé le secret de discipliner la vapeur, de la transformer en une puissance motrice capable de nous amener en une journée d'une extrémité à l'autre de la France?

Nous entrons dans un musée : là des tableaux nombreux s'offrent à nos regards. Par quels tâtonnements il a fallu passer, que de progrès ont dû être accomplis avant d'obtenir la pureté et l'exactitude du dessin, l'harmonie et la justesse des couleurs ! Vous ouvrez un livre : aussitôt le souvenir des inventeurs de l'imprimerie, des essais, des perfectionnements de ce grand art vous arrive. Qu'il s'agisse de l'industrie ou de l'agriculture, de l'art ou de la science, il a fallu le concours de ceux qui ne sont plus pour amener les choses au point où elles sont actuellement. Et parfois, que de douleurs, que d'angoisses ont été imposées à ceux qui ont travaillé pour l'avenir !

La première pensée qui s'impose à nous, dès que nous jetons les yeux sur le monde, est donc une pensée de modestie et de reconnaissance. Puisque les biens dont nous jouissons nous ont été conquis par les hommes du passé et nous sont conservés par les hommes du temps présent, nous devons détester l'égoïsme et croire à la solidarité humaine. Si nous étions réduits à nos seules forces, notre destinée serait épouvantable. Un grand poète contemporain, M. Sully-Prudhomme, a exprimé cette vérité dans ces vers admirables :

UN SONGE

Le laboureur m'a dit en songe : Fais ton pain,
Je ne te nourris plus, gratte la terre et sème.
Le tisserand m'a dit : Fais tes habits toi-même;
Et le maçon m'a dit : Prends la truelle en main.

Et seul, abandonné de tout le genre humain,
Dont je traînais partout l'implacable anathème,
Quand j'implorais du ciel une pitié suprême,
Je trouvais des lions debout dans mon chemin.

J'ouvris les yeux, doutant si l'aube était réelle :
De hardis compagnons sifflaient sur leur échelle,
Les métiers bourdonnaient, les champs étaient semés.

Je connus mon bonheur et qu'au monde où nous sommes,
Nul ne peut se vanter de se passer des hommes;
Et depuis ce jour-là je les ai tous aimés.

Si nos compagnons d'humanité vivent pour nous, nous devons aussi vivre pour eux. C'est en cela que consiste la fraternité humaine. Ce sentiment de la fraternité dérive de l'idée de la solidarité universelle qui nous lie à la fois au temps présent, au passé tout entier et à l'avenir sans limites.

Il suffit, en effet, de quelques instants de réflexion pour se convaincre que l'homme appartient à l'infini du temps et de l'espace. La matière qui compose son corps existait avant lui et survivra à la dissolution de ses organes. L'intelligence qu'il possède, les connaissances intellectuelles qu'il a présentement à sa disposition, il les a acquises par le travail dans une longue suite d'existences. Elles lui ont été aussi léguées et transmises par les générations précédentes. Par conséquent l'homme appartient au passé, au présent et à l'avenir : il a des obligations envers le passé, des devoirs envers le présent, des responsabilités envers l'avenir. Certains philosophes même ont prétendu que nous avions des devoirs envers les habitants de ces mondes suspendus dans l'espace dont nous apercevons, pendant la nuit, la lueur dans le ciel. Cette pensée se rencontre dans une des plus belles pages de la littérature française. Un grand écrivain du XVIIIe siècle, Voltaire, a publié ces lignes émouvantes :

« Je méditais cette nuit; j'étais absorbé dans la contemplation de la nature; j'admirais l'immensité, le cours, les rapports de ces globes infinis que le vulgaire ne sait pas admirer. J'admirais encore plus l'intelligence qui préside à ces vastes ressorts. Je me disais : il faut être aveugle pour n'être pas ébloui de ce spectacle; il faut être stupide pour n'en pas reconnaître l'auteur; il faut être fou pour ne pas l'adorer. Quel tribut d'admiration dois-je lui rendre? Ce tribut ne doit-il pas être le même dans toute l'étendue de l'espace, puisque c'est le même pouvoir suprême qui règne également dans cette étendue? Un être pensant qui habite dans une étoile de la voie lactée ne lui doit-il pas le même hommage que l'être pensant sur ce petit globe où nous sommes? La lumière est uniforme pour l'astre de Sirius et pour nous; la morale doit être uniforme. Si un animal sentant et pensant dans Sirius est né d'un père et d'une mère tendres, qui aient été occupés de son bonheur, il leur doit autant d'amour et de soins que nous en devons ici à nos parents. Si quelqu'un dans la voie lactée voit un indigent estropié, s'il peut le secourir et le soulager et s'il ne le fait pas, il est coupable envers tous les globes. »

Mais, avant de nous élever à ces considérations sublimes, nous avons à rechercher, plus près de nous, quelles sont les obligations morales qui nous sont imposées. Pour les connaître, il suffit de constater que la vie intime et sociale se présente à nous, dans le passé et actuellement, sous ces divers aspects :

LA FAMILLE, LA COMMUNE, LA PATRIE, L'HUMANITÉ.

CHAPITRE II

LA FAMILLE

Lamennais a dit que le genre humain formait une famille dans laquelle les aînés tendent la main aux plus jeunes pour les élever jusqu'à eux. Ce qui fait la famille, a écrit un autre penseur, c'est le sentiment d'obéissance par lequel une femme et des enfants agissent sous la direction d'un père et d'un mari. C'est de la famille que nous tenons nos premiers instincts et nos premiers sentiments, c'est au milieu d'elle que nous ressentons l'effet des premiers exemples. La protection de la famille a été nécessaire à la faiblesse de notre enfance. Pour nous nourrir, pour nous élever, pour faire de nous des hommes, la famille a dû s'imposer des travaux pénibles, quelquefois même des privations et des sacrifices. Nous sommes donc obligés, à l'égard des chefs de famille, à tous les devoirs de la reconnaissance et de l'affection.

« Honore ton père et ta mère », disait à juste titre

la loi religieuse des Juifs. Le respect des ancêtres passait dans l'antiquité pour une vertu et pour un devoir. L'ingratitude envers ceux de qui nous tenons l'existence était regardée comme un vice odieux. Au contraire, on célébrait le mérite des fils reconnaissants. Parmi les beaux exemples de piété filiale que les temps anciens offrent à notre admiration, il faut citer l'exemple d'Antigone, cette fille si parfaite de dévouement qui, à travers les chemins de l'exil, guidait son père aveugle et misérable.

A Rome, on racontait la belle action accomplie par le fils du vieil Appius. Ce vieillard, ayant été condamné à quitter Rome dans un délai de quelques jours, sous peine de mort, ne savait, tant il était infirme, comment il pourrait se rendre à la ville d'exil qu'on lui avait désignée.

Son fils accourut vers lui : « Mon père, dit-il, vous ne pouvez marcher; eh bien, permettez que je vous porte dans mes bras. Autrefois, quand j'étais enfant et débile, vous m'avez porté dans les vôtres. » Et, malgré la résistance du vieillard, le fils emporte le paternel fardeau. Le but était loin, l'heure était pressante; le fils dut courir, le dévouement redoubla ses forces. Il arrive au terme du voyage, épuisé, presque mourant, il tombe évanoui : son père du moins était sauvé.

Non moins digne de souvenir est ce jeune Casabianca, cet enfant de dix ans, qui, pendant la guerre de la Révolution, aima mieux mourir que de se séparer de son père. Celui-ci commandait le vaisseau

l'Orient; un boulet l'atteint et le frappe mortelle-
ment, l'enfant se précipite vers son père, lui pro-
digue ses caresses et ses larmes. Le combat con-
tinue jusqu'au moment où l'incendie envahit le
vaisseau. A la hâte les matelots se jettent dans les
embarcations afin de ne pas périr dans les flots.
« Viens, dit un d'entre eux au jeune Casabianca; ton
père est perdu, mais tu peux te sauver. — Non,
non, répond-il, ma place est auprès de mon père et
je veux mourir auprès de lui. » Quelques minutes
après, *l'Orient* s'abîmait dans la mer.

Un trait tout aussi admirable de piété filiale est
celui qui fut donné, sous le règne de Louis XV, par
Jean Fabre, surnommé *l'Honnête Criminel.* Jean
Fabre, né à Nimes en 1727, s'occupait avec succès,
dans cette ville, de la fabrication des bas de soie;
il était en pleine prospérité commerciale et à la
veille d'épouser une jeune fille qu'il aimait, lorsque
survint la catastrophe dans laquelle se manifesta sa
grande piété filiale. Fabre était protestant; sa famille,
comme lui, était hérétique. Or, avant la Révolution
française, et depuis la révocation de l'édit de Nantes,
il était défendu, sous peine des galères ou de la mort,
de professer ouvertement un autre culte que le
culte officiel, la religion du roi : le catholicisme.
Pour éviter les persécutions qui les menaçaient, les
protestants célébraient leur culte dans des cavernes,
dans des bois, loin des regards de l'autorité intolé-
rante. C'est ce qu'ils appelaient aller prier *au désert.*
Ces réunions n'étaient point sans péril. Parfois les

soldats du roi venaient les interrompre et arrêter ceux qui y avaient pris part. Malheur à ceux qui tombaient entre les mains des persécuteurs ! la mort ou la prison perpétuelle les attendait.

Jean Fabre et son vieux père assistaient un jour à ce culte au désert, lorsque arrivèrent à l'improviste les soldats du roi ; aussitôt tout le monde prend la fuite. Jean Fabre se sauve comme les autres ; il était déjà hors de l'atteinte des soldats et à l'abri de tout danger, quand il s'aperçut que son père ne l'avait pas suivi. Inquiet, il revient sur ses pas et rencontre sur son chemin son vieux père, que les soldats avaient arrêté et traînaient en prison. Il les supplie de mettre en liberté le vieillard ; ceux-ci refusent de se rendre aux supplications et aux larmes de Jean Fabre. Alors, dans un mouvement de sublime abnégation, ce fils admirable propose aux soldats de prendre la place de son père : « Il est vieux, dit-il, et je suis jeune ; laissez-le et emmenez-moi. » Les soldats lui accordèrent cette étrange faveur et le conduisirent auprès des magistrats. Ceux-ci, par jugement du 12 mars 1756, condamnèrent Jean Fabre aux galères à perpétuité ! Il fut enfermé pendant six ans au bagne de Toulon. En 1762, le duc de Choiseul obtint sa grâce.

Ces exemples de piété filiale et de noble dévouement provoquent, à juste titre, notre admiration. Ils nous font comprendre tout ce qu'il y a d'héroïque, de pur, de touchant dans l'idée de la famille. C'est là qu'en apprenant à nous aimer, nous avons appris à nous entr'aider et, par conséquent, à devenir forts et respectés. Lorsque l'affection règne dans une famille, elle préserve en effet cette famille de la décadence, de la honte et de la ruine. La discorde, au contraire, et, avec elle, le malheur sont les conséquences de l'égoïsme. Notre grand fabuliste La Fontaine a éloquemment exprimé cette vérité dans la fable qui a pourtitr e :

LE VIEILLARD ET SES ENFANTS

Toute puissance est faible, à moins que d'être unie :
Écoutez là-dessus l'esclave de Phrygie.
Si j'ajoute du mien à son invention,
C'est pour peindre nos mœurs, et non point par envie ;
Je suis trop au-dessous de cette ambition.
Phèdre enchérit souvent par un motif de gloire ;
Pour moi, de tels pensers me seraient malséants.
Mais venons à la fable, ou plutôt à l'histoire
De celui qui tâcha d'unir tous ses enfants.

Un vieillard près d'aller où la mort l'appelait :
« Mes chers enfants, dit-il (à ses fils il parlait),
Voyez si vous romprez ces dards liés ensemble ;
Je vous expliquerai le nœud qui les assemble. »
L'aîné les ayant pris, et fait tous ses efforts,
Les rendit en disant : « Je le donne aux plus forts. »
Un second lui succède, et se met en posture,
Mais en vain. Un cadet tente aussi l'aventure.
Tous perdirent leur temps ; le faisceau résista :
De ces dards joints ensemble un seul ne s'éclata.
« Faibles gens, dit le père, il faut que je vous montre
Ce que ma force peut en semblable rencontre. »
On crut qu'il se moquait ; on sourit, mais à tort :
Il sépare les dards, et les rompt sans effort.
« Vous voyez, reprit-il, l'effet de la concorde :

Le Vieillard et ses enfants.

Soyez joints, mes enfants ; que l'amour vous accorde ! »
Tant que dura son mal, il n'eut autre discours.
Enfin se sentant près de terminer ses jours,
« Mes chers enfants, dit-il, je vais où sont nos pères ;
Adieu : promettez-moi de vivre comme frères ;
Que j'obtienne de vous cette grâce en mourant. »
Chacun de ses trois fils l'en assure en pleurant.
Il prend à tous les mains ; il meurt. Et les trois frères
Trouvent un bien fort grand, mais fort mêlé d'affaires.
Un créancier saisit, un voisin fait procès :
D'abord notre trio s'en tire avec succès.
Leur amitié fut courte autant qu'elle était rare.
Le sang les avait joints ; l'intérêt les sépare :
L'ambition, l'envie, avec les consultants,
Dans la succession entrent en même temps.
On en vient au partage, on conteste, on chicane :
Le juge sur cent points tour à tour les condamne.
Créanciers et voisins reviennent aussitôt,
Ceux-là sur une erreur, ceux-ci sur un défaut.
Les frères désunis sont tous d'avis contraire :
L'un veut s'accommoder, l'autre n'en veut rien faire.
Tous perdirent leur bien et voulurent trop tard
Profiter de ces dards unis et pris à part.

En nous appliquant à rendre la famille forte, prospère et grande, par la pratique constante de l'affection et par le mutuel et incessant dévouement, nous nous préparons à rendre la commune, qui n'est que la famille agrandie, heureuse et puissante.

CHAPITRE III

Ce que nous venons d'écrire sur la famille nous amène très naturellement à parler de la commune. Que faut-il entendre par ce mot? Après avoir constaté que notre existence ne dépendait pas uniquement de nous seuls, nous avons montré qu'elle se rattachait à des dévouements antérieurs, au dévouement maternel et paternel; nous avons indiqué également que l'amitié, les services de ceux qui nous entourent immédiatement (nos frères, nos sœurs, nos parents de tous degrés) contribuaient à l'agrément et au bonheur de notre vie; mais nous savons bien que notre existence ne s'accomplit pas tout entière dans l'intérieur de notre famille. Cette famille est placée elle-même au milieu d'autres familles dont la réunion forme la cité; cette cité, petite ou grande, c'est pour nous la commune.

La France compte 36 105 communes, d'importance très inégale, puisque l'une d'elles, Paris, possède plus de 2 millions d'habitants, et que d'autres en ont à peine une centaine. Chaque commune est administrée par un conseil municipal, nommé par les électeurs municipaux de la commune. Pour être électeur municipal, il faut être né dans la commune ou s'y être marié et y résider depuis un an, ou tout simplement y résider depuis deux ans. Pour être éligible, il suffit d'être âgé de vingt-cinq ans et de payer dans la commune l'une des quatre contributions directes. Toutefois les employés de la commune, ou ceux qu'elle secourt par ses bureaux de bienfaisance ne peuvent être élus.

Le nombre des conseillers municipaux varie selon le chiffre de la population. Jusqu'à 500 habitants il y a 10 conseillers, jusqu'à 1500 il y en a 12, jusqu'à 2500 il y en a 16, jusqu'à 3500 il y en a 21, et ainsi de suite. Le conseil municipal est présidé par le maire, qui est un conseiller choisi par ses collègues. Le conseil a le soin des propriétés de la commune, bois, pâturages, bâtiments; il peut acheter des immeubles pour ses divers services, en particulier pour le service de l'instruction primaire, percevoir des taxes sur les halles et marchés, établir un octroi, accepter des legs, etc.

Ce sont là des droits considérables et qui assurent l'indépendance de la cité. La commune n'a pas toujours possédé des droits aussi nombreux et joui d'une liberté égale à celle qui lui est aujourd'hui dévolue. Il a fallu de longues luttes, des résistances opiniâtres, une volonté parfois héroïque, pour arriver où nous en sommes présentement. De généreux citoyens ont, dans le passé, affirmé les droits des communes. Souvent cette affirmation leur a coûté la liberté ou la vie; des populations vaillantes ont livré des combats pour résister à la tyrannie de quelques personnalités désireuses de confisquer, à leur profit, les droits de la cité, ou pour secouer le joug que l'on avait réussi à imposer à la commune.

C'est dans la commune que nos ancêtres accomplirent l'acte héroïque de l'affranchissement national. Avant le XIVe siècle, une oppression écrasante pesait sur les habitants des campagnes. L'immense majorité des propriétés rurales appartenait au roi, au clergé, aux seigneurs. A peine rencontrait-on çà et là quelques propriétaires libres, qui presque toujours étaient forcés, pour se soustraire aux ravages des gens de guerre, de se vendre eux et leur postérité à des tyrans de village.

Dans ces conditions, il n'y avait pas à parler de libertés locales et d'administration des communes par les habitants mêmes de la commune. La servitude était partout. Au centre du bourg s'élevait la tour crénelée du seigneur; alentour se trouvaient les maisons occupées par la domesticité; plus loin, éparses et non groupées en villages, comme de nos jours, apparaissaient les chaumières des paysans, chacune entourée du lot de terre que pouvait cultiver la famille. A parler exactement, de telles agglomérations asservies à des personnalités connues sous les noms de barons, d'évêques, ne méritent pas d'être appelées des cités. Heureusement pour leur honneur et pour notre liberté, ces agglomérations eurent l'ambition de s'affranchir de la servitude personnelle, de constituer au milieu d'elles une administration régulière. Elles s'insurgèrent contre leurs oppresseurs, réclamèrent l'exercice de quelques-uns des droits de l'homme, et, après des siècles de lutte, après que des torrents de sang eurent été versés, elles parvinrent à conquérir un peu de liberté.

En même temps que l'indépendance de la commune s'affirme, on voit croître sa prospérité. Le patriotisme apparaît, et, avec lui, la vie active, la richesse relative, l'énergie dans le devoir et la joie dans l'espérance. Un des hommes qui ont le plus contribué à rendre les communes indépendantes, c'est le prévôt des marchands Étienne Marcel, mort à Paris en 1358. Ce fils de bourgeois parisiens essaya, au XIVe siècle, de réaliser quelques-unes des réformes qui ne furent accomplies que par la Révolution de 1789. Il proclama l'unité sociale et l'uniformité administrative du pays français, les droits de la nation, la nécessité d'une représentation démocratique. La carrière de ce véritable grand homme, dit Michelet, « fut courte et terrible. En 1356, il sauve Paris, il le met en défense; en 1357, il fait reconnaître par le roi lui-même les droits des communes, mais, abandonné par ceux-là mêmes qu'il voulait sauver, il périt tragiquement ».

Plusieurs siècles après la mort d'Étienne Marcel, un homme d'État passionné pour le bien public,

Mort d'Étienne Marcel.

Turgot, s'efforce d'assurer aux communes les libertés et les droits qui leur font défaut. Sa bonne volonté est malheureusement impuissante, et il faut que la Révolution française arrive pour que l'égalité devant la loi devienne partout une réalité. Grâce au peuple de 1789, la commune parvient à posséder une existence indépendante.

C'est là un progrès considérable et un bienfait immense. Ce bienfait, nous le tenons de nos pères. A notre tour, nous devons donner quelque chose d'utile et de glorieux à cette commune dont nos pères ont si courageusement fondé la liberté. Que lui donnerons-nous, sinon la prospérité morale qui résulte de l'accord des citoyens entre eux, et la prospérité matérielle, qui est la conséquence de l'amour du travail et de l'activité intelligente? Le travail, la fraternité, ce sont là les qualités indispensables, les devoirs sacrés des communes qui veulent être honorées et prospères. Il faut que chacun de leurs habitants se dise que la commune doit ressembler à une de ces ruches d'abeilles où tout le monde travaille. La fainéantise n'est pas seulement une dégradation, une déchéance pour l'homme atteint de ce vice, elle est également un fléau pour la cité.

C'est pourquoi nous devons de bonne heure prendre l'habitude du travail; pour les enfants, le premier travail, dans les communes, c'est le travail qui se fait à l'école.

CHAPITRE IV

L'ÉCOLE

L'école est ouverte à tous les enfants de la commune; aucun ne saurait se soustraire à l'obligation de s'y rendre et de la fréquenter. La raison de cette obligation est facile à comprendre, elle nous est donnée par notre intérêt même. Nous voulons tous, n'est-il pas vrai, être plus tard en mesure de gagner notre vie, de tenir honorablement notre place dans le monde? Eh bien, sans instruction cela n'est pas possible. Un ignorant est semblable à quelqu'un qui marche dans les ténèbres : tout lui devient obstacle ou péril. Un homme instruit, au contraire, chemine en pleine lumière, sachant où il met le pied, ferme dans sa marche et les yeux fixés sur le but à atteindre. Un ignorant est à la merci de toutes les malveillances, il ne sait ni les prévoir, ni les éviter; un homme instruit est en état de défense, il a le pouvoir de se faire respecter.

Mais en dehors de ces avantages personnels qu'elle

nous permet d'acquérir, l'instruction a un autre but :
elle nous ennoblit en faisant de nous, par la pensée,
les amis de tous les hommes vertueux, de tous les
serviteurs utiles de l'humanité et de la patrie qui
nous ont précédés sur la terre. Elle élargit les
horizons de notre existence en faisant de nous, par
la science, les concitoyens des grands hommes du
passé, en nous initiant à ce qui s'est fait dans le
monde entier, en nous révélant la grandeur infinie
de l'univers. Elle fait plus : elle améliore notre
cœur en nous faisant connaître les obligations de
toute nature qui nous lient aux générations dispa-
rues et en nous révélant nos devoirs envers le
présent.

C'est le maître d'école qui est chargé de ce premier enseignement, c'est lui qui nous ouvre le
monde de l'histoire, de la géographie, de la littérature, des sciences morales, c'est lui qui nous initie
aux choses de l'esprit.

L'instituteur est revêtu d'une haute et bienfai-
sante mission; il est pour nous comme un père spi-
rituel. C'est pourquoi il a droit à nos respects et à
notre affection.

Que de reconnaissance ne lui devons-nous pas
pour nous avoir fait pénétrer dans ce monde de
l'intelligence où tant de jouissances nous attendent,
où tant de bonheurs nous sont réservés ? Quel plaisir
de pouvoir lire les beaux vers, les émouvants récits,
les pages instructives où les poètes, les historiens,
les savants ont exprimé, raconté, enseigné les sen-

timents éternels, les actions héroïques, les progrès du génie humain! On s'élève ainsi au-dessus des vulgarités, des égoïsmes du terre à terre de l'existence. Et quelle joie aussi de pouvoir faire profiter de notre savoir nos vieux parents moins instruits que nous! Rentrés de l'école à la maison, avec nos livres, nous pouvons devenir des éducateurs à notre tour, aider aux progrès de nos jeunes frères, charmer par des récits les longues veillées, apporter au logis, si humble et si pauvre soit-il, le rayonnement de l'intelligence et la gaieté de l'esprit.

N'est-ce pas également à l'école que nous apprenons cette fraternité de choix qui s'appelle la camaraderie? C'est au milieu d'elle que se forment des amitiés si douces et si durables, faites de souvenirs fraternels, d'efforts mis en commun, de travaux accomplis ensemble, d'espérances apparues, de rêves poursuivis, de tendresses naïves. On a travaillé d'un même cœur et d'une même conscience, on a partagé, aux heures de récréation, les mêmes jeux : cela ne s'oublie plus, c'est une fraternité solide que la camaraderie de l'école.

Les sentiments que nous venons d'exprimer ont rencontré un interprète éloquent dans la personne d'un homme dévoué aux idées de progrès et de justice, M. Édouard Millaud, sénateur du Rhône, et il nous est agréable de reproduire les belles paroles qu'il a prononcées un jour sur les amitiés de collège et l'école primaire : « Il est de grandes vertus trop oubliées, a-t-il dit en s'adressant à des jeunes gens, je voudrais que vous pussiez en retrouver le culte. Les anciens avaient fait de l'amitié une déesse, et des amis illustres presque des dieux. Tous les poètes et les grands orateurs ont célébré ce lien étroit qui donne tant de force et tant de bonheur à l'existence de ceux qu'il unit.

« Montaigne et plus d'un de nos grands écrivains, même du siècle dernier, ont consacré leurs pages les plus éloquentes à ce grave sujet.

« Aimez-vous, jeunes gens, choisissez-vous un frère sur les bancs de l'école et marchez avec lui dans la vie, sûr de son cœur, comme il sera sûr du vôtre; ce camarade sera le compagnon des bons et des mauvais jours; à côté de lui toute peine sera plus douce et toute joie plus intense; vous aurez doublé vos forces. »

Tel est le profit moral et intellectuel que vous pourrez retirer de la fréquentation de l'école. Il est d'autres avantages non moins précieux qui réclament à présent notre attention. En même temps que l'école fera de vous des hommes de cœur, de conscience et d'intelligence, elle vous apprendra à fortifier votre corps, à assouplir vos membres, à conserver votre santé, à résister aux fatigues. Le moyen qui lui permettra d'atteindre ce but, c'est la gymnastique.

CHAPITRE V

LA GYMNASTIQUE A L'ÉCOLE

La gymnastique est devenue depuis quelques années une des parties les plus importantes de l'enseignement de l'enfance et de la jeunesse.

Pourquoi la regarde-t-on comme une chose essentielle? Parce qu'il est reconnu par tous les médecins et constaté par l'expérience universelle, que l'énergie et la vigueur du corps sont dans ce monde une des meilleures conditions de bonheur.

Les anciens prétendaient que l'éducation devait se proposer d'obtenir ce résultat : un esprit vaillant dans un corps robuste. Est-il rien, je vous le demande, de maussade, d'inquiet, de pénible, comme une existence tourmentée par les indispositions physiques, les faiblesses fréquentes? Et d'où viennent, la plupart du temps, ces misères qui aigrissent ou abattent, sinon de l'inertie dans laquelle nos facultés physiques ont été laissées durant la jeunesse? N'avez-vous pas remarqué que, presque toujours, les gens qui ne font rien sont ceux qui se plaignent le plus volontiers de leurs travaux et de leurs peines? C'est que tout leur est effort ou contrariété. Ils accomplissent avec une sorte d'angoisse ou de douleur ce qu'un homme de travail ferait avec allégresse et en se jouant : ils ne s'usent pas, ils se rouillent. La rouille des facultés physiques, c'est la maladie, la faiblesse.

Les soins donnés au corps, la propreté, l'hygiène, procurent la santé. Les exercices qui permettent à nos membres d'être plus alertes, plus résistants à la fatigue, procurent la vigueur. L'ensemble de ces exercices constitue la science connue sous le nom de gymnastique. Noble et antique science, qui fut constamment en honneur dans les républiques grecque et romaine !

A Athènes, la gymnastique était obligatoire pour tous. Les citoyens les plus considérables et les plus illustres recherchaient les leçons des maîtres en l'art d'assouplir le corps, de rendre le jarret plus flexible et le bras plus puissant. Dans les fêtes nationales figuraient avec éclat les jeux athlétiques, les courses, le maniement des armes. Un admirable artiste de notre pays, Puvis de Chavannes, a fait revivre, dans une toile à la fois charmante et grandiose, la beauté, la grâce et la noblesse de ces jeux de l'antiquité. Ce tableau, intitulé *les Jeux pour la patrie*, offre à nos regards des enfants, des jeunes gens, qui s'exercent à lancer le javelot, à gagner le prix de la course sous le regard attendri et fier de leurs parents. Le père est là qui semble dire : Mon fils sera un jour un homme capable de se défendre; la mère rayonnante se dit qu'elle a donné au pays natal de véritables défenseurs qui seront son orgueil à elle et la gloire de la patrie.

Les enfants, à leur tour, devenus plus confiants, s'habituent à regarder le danger en face, apprenant de bonne heure à l'éviter ou à le vaincre. Le sentiment de leurs forces leur donne la gaieté et la cordialité, il leur donne également la prudence et la générosité.

C'est, en effet, une remarque justement faite que le savoir gymnastique, en même temps qu'il augmente l'animation des jeux, y introduit la méthode et la prudente habileté. Lorsque l'adresse est souveraine, à quoi bon la brutalité? On la proscrit comme une laideur physique et morale. On se regarderait également comme coupable d'un acte d'indignité si l'on abusait d'une force connue et constatée; le point d'honneur, dès lors, ordonne d'être généreux.

Mais cette générosité n'exclut pas l'émulation, au contraire. C'est pourquoi, sur tous les points de la France, des sociétés de gymnastique se sont formées, unies entre elles, animées de la même ambition et de la même espérance : l'ambition et l'espoir d'être utiles à la patrie.

CHAPITRE VI

LA PATRIE

La réunion des communes d'un même pays, d'un pays reconnaissant les mêmes lois et obéissant au même gouvernement librement accepté, forme la patrie. La patrie n'existe point où se rencontre la servitude, que cette servitude soit le résultat de la guerre ou de toute autre cause.

Est-ce l'unité de langage qui détermine la notion de la patrie ? Nullement. En Suisse, on parle (suivant les contrées) français, allemand, italien. Et cependant qui oserait dire que ces hommes de langages divers ne forment pas un peuple et ne sont pas une nation, la nation suisse?

Est-ce l'unité des croyances religieuses ou philosophiques? Moins encore. Aux États-Unis tous les cultes et toutes les philosophies se trouvent pêle-mêle, le catholique y coudoie le protestant, qui vit à son tour dans le voisinage du juif, lequel est entouré de déistes, de non-croyants de toutes sortes.

La même liberté les enveloppe, et la même égalité
les protège.

La volonté personnelle, intime, du citoyen, s'ajou-
tant le plus souvent à des conditions particulières
de race, de famille, de naissance, tel est le facteur
essentiel de l'idée de patrie. On n'a pas une patrie
par ordre, on ne perd pas une patrie par ordre ;
sinon il faudrait admettre la traite des blancs, ainsi
qu'on admettait jadis la traite des noirs.

Mais la terre que le souvenir des ancêtres a
rendue sacrée, la nation qu'on aime parce qu'elle
paraît la meilleure ou la plus grande, le peuple
auquel on est fier d'appartenir, voilà ce qui est
vraiment la patrie. Cette patrie-là, on peut mutiler
son territoire, changer la couleur de ses drapeaux :
on ne saurait l'anéantir dans le cœur de celui qui
s'est donné à elle. Quelles que soient les tristesses
de la destinée, celui-là peut dire en regardant les
pouvoirs qui le tiennent en servitude : « Ils ont
enchaîné le corps, mais l'âme se rit d'eux : elle est
libre. » Notre patrie à nous, c'est la patrie française ; nous l'aimons dans ses grandeurs, dans ses
souffrances, dans les manifestations si diverses de
son génie. Le sentiment d'admiration et d'amour
qu'elle nous inspire a été partagé par bien des
hommes qui n'étaient pas nés sur son territoire.
N'est-ce pas un étranger célèbre qui a dit : « Tout
être humain a deux patries, celle où il est né et la
France ? »

L'affection qu'elle nous inspire s'augmente à

mesure que nous connaissons mieux son histoire. Comme elle a souffert, comme elle a lutté pour devenir indépendante et forte! De Vercingétorix, l'un de ses premiers héros, aux morts de la défense nationale, quelle incomparable suite de martyrs, de combattants glorieux ou obscurs, royauté, noblesse, tiers état, ont travaillé, avec des mérites divers, à créer son unité politique! La reconnaissance nationale ne doit pas être exclusive et ne s'attacher qu'à un parti ou à une classe de citoyens. Elle salue, elle honore, elle aime quiconque a servi le pays. français. Elle estime que, malgré leurs erreurs ou leurs fautes, Louis XI qui nous délivra des derniers vestiges de la puissance féodale, Richelieu qui écrasa la noblesse au profit de l'unité royale et nationale, sont de très grands hommes d'État. Elle sait gré à la noblesse d'avoir généreusement et sans compter répandu son sang sur les champs de bataille. Elle s'incline avec respect devant le clergé lorsque, au moyen âge, il protège les lettres et la science, lorsque, plus tard avec saint Vincent de Paul, il s'inquiète de recueillir et d'élever les orphelins.

Le culte que nous ressentons pour la France n'est pas inspiré par la vanité, il ne procède pas non plus du mépris pour les autres peuples. Nous n'avons pas besoin, pour aimer notre pays, de nous souvenir des victoires qui l'ont illustré, et des défaites qu'il a infligées à ses ennemis. Le patriotisme qui se complaît exclusivement dans l'humiliation d'autrui est

Marceau. (Voy. p. 30.)

un médiocre patriotisme. Quant à nous, tout en éprouvant la fierté qui convient devant les pages éclatantes de notre histoire, nous nous attachons plus encore aux grandes idées que notre pays a fait rayonner sur le monde, aux progrès qu'il a accompli, et dont il a doté l'humanité. Si notre esprit s'enorgueillit aux heures des triomphes nationaux, notre cœur s'émeut devant les défaites et les catastrophes. A ce moment-là, nous aimons davantage la France.

Grandeurs mêlées de désastres, c'est, hélas, l'histoire de notre pays. Aucun peuple n'a d'incessantes et perpétuelles prospérités ; ce qu'il faut ajouter, c'est que bien peu de nations (qu'il s'agisse de l'antiquité ou du temps présent) ont montré dans les revers plus de constance que la nôtre. La France n'a jamais désespéré d'elle-même ; humiliée, battue, écrasée, elle croit, elle sait qu'elle ressuscitera, et cet espoir, cette foi, la relèvent, lui redonnent cœur et vaillance, lui permettent de reprendre son rang, qui, bien souvent, a été le premier. Ce sont des paysans, des *Jacques Bonhomme*, comme on disait, des femmes, des jeunes filles comme Jeanne Hachette et Jeanne d'Arc, des généraux de vingt ans comme Marceau, Hoche ou Kléber, qui, aux jours de détresse, donnent le bon exemple et accomplissent l'œuvre du salut national.

On vous a déjà parlé, ou l'on vous parlera plus tard des événements grandioses, touchants ou sublimes qui composent notre histoire. En voici quel-

Hoche.

ques-uns qui révèlent dans sa tendresse et dans son héroïsme l'âme de notre patrie.

Au XIVe siècle, nous eûmes à subir les attaques et les invasions des Anglais. Nos armées furent, à bien des reprises, mises en déroute; les chefs qui les commandaient étaient parfois à bout de ressources. Ils auraient été impuissants, et la France aurait définitivement succombé, sans la vaillance des paysans.

Ces braves habitants des campagnes harcelèrent souvent l'ennemi, gênèrent son action et lui infligèrent de partielles défaites. Un jour, vers 1359, ils se rassemblent dans les environs de Compiègne et se retranchent dans un village que menaçait l'Anglais. Bientôt celui-ci arrive et les attaque.

Rude moment pour les Jacques Bonhomme! Inhabiles au maniement des armes (inexpérimentés plutôt), sans aucune notion de tactique militaire, privés de guides et de chefs, leur situation est des plus critiques. L'amour du pays supplée à tout : il les inspire et les fortifie. Les chefs manquent : eh bien, ils en créeront. Et les voilà qui choisissent et nomment pour les commander un paysan de haute taille, rude gaillard aux muscles d'acier et à la volonté de fer, *Guillaume-aux-Alouettes*. Ce Guillaume prend avec lui, pour le servir, un autre paysan également taillé en hercule et d'une force prodigieuse; il se nommait le *Grand Ferré*. Retenez bien le nom de ce paysan : c'est celui d'un admirable patriote.

Le Grand Ferré.

Guillaume-aux-Alouettes et le *Grand Ferré* avaient sous leurs ordres deux cents laboureurs ou gens de métier. Ce n'était pas là de quoi inquiéter les Anglais qui campaient à Creil. « Il nous sera facile, dirent-ils, de chasser ces manants et de leur enlever le village qu'ils détiennent; partons! » Ils se rendirent aussitôt à l'endroit où se trouvaient *Guillaume-aux-Alouettes*, le *Grand Ferré* et les laboureurs en armes. Ceux-ci, trop peu sur leurs gardes, avaient laissé envahir les portes du village, en sorte que les Anglais pénétrèrent sans peine. L'alarme est donnée; les laboureurs se répandent dans les rues, prêts au combat, décidés à la mort. *Guillaume-aux-Alouettes*, entouré par de nombreux ennemis, tombe couvert de blessures et ne se relève plus. Alors le *Grand Ferré* dit à ses compagnons : « Vendons chèrement notre vie ; il n'y a plus qu'à lutter et à mourir. » Ceux-ci l'entendent et se précipitent sur les Anglais. Ce fut une mêlée terrible, les paysans fauchaient l'ennemi comme blés mûrs. Le *Grand Ferré*, armé d'une lourde hache, frappait sur les Anglais à coups redoublés. Épouvanté, l'ennemi prend la fuite, laissant sur place un grand nombre de morts et de mutilés. Le *Grand Ferré* se met à la poursuite de l'Anglais. Il arrache à l'ennemi sa bannière et la jette dans un fossé !

Ce fut une belle victoire, suivie peu après d'une victoire nouvelle. Les paysans cette fois n'attendirent pas les envahisseurs, ils allèrent vers eux, les surprirent hors des murs de leur ville et les tuèrent

sans merci! En vain plusieurs nobles anglais solli-
citèrent grâce et pardon. Les envahisseurs sont indi-
gnes de miséricorde, pensaient nos rudes laboureurs.
Le *Grand Ferré* se montra si actif dans son œuvre
d'exterminateur, que la fièvre le saisit. Pour apaiser
sa soif ardente, il but de pleines gorgées d'eau froide,
et cette imprudence le rendit malade. Contraint de
prendre du repos et de s'aliter, il demanda du moins
qu'on plaçât près de son lit, à portée de sa main, sa
lourde hache de fer.

Les Anglais, ayant appris que le géant des laboureurs était malade, envoyèrent douze hommes pour
le surprendre et le tuer; mais la femme du *Grand
Ferré* veillait. Elle vit de loin venir ces hommes, et
courut à son mari : « Ferré, Ferré, s'écria-t-elle, ils
viennent pour te prendre! » Lui, secouant sa maladie, se dresse, prend sa hache et marche vers les
Anglais : « Ah! brigands, dit-il, vous avez cru que
j'étais mort; vous ne me tenez pas encore! » puis,
s'adossant à un mur, il fait tournoyer sa hache, et, en
peu d'instants, abat à ses pieds cinq des douze Anglais envoyés contre lui; les autres prirent la fuite.

Cette tâche accomplie, l'héroïque bûcheron re-
gagne sa demeure et se remet au lit. Il a soif et
recommence à boire de l'eau froide; hélas! c'est
ce qui le tua. Les gens de son village pleurèrent
tous autour de son cercueil, et, plus tard, quand
l'ennemi eut pris le village, chaque laboureur
disait : « Les Anglais ne seraient pas ici si le *Grand
Ferré* était vivant. »

Vous le voyez, ces paysans du moyen âge étaient de bons Français, de dignes patriotes. On est fier de les avoir pour aïeux. Les habitants des villes n'aimaient pas moins notre beau pays, « cette terre que tant de verdure colore et qu'enveloppe un si beau ciel », suivant la poétique expression de l'historien Augustin Thierry.

Vingt exemples montreraient le dévouement des habitants des villes à la patrie française. En voici quelques-uns; vos instituteurs vous apprendront les autres. A la suite de nos défaites, Abbeville avait été cédée à l'Angleterre; seulement le peuple n'avait pas ratifié cette cession imposée par la force; la volonté des Abbevillois n'y était pas. Elle y était si peu qu'ils se révoltèrent; une émeute éclate, les Anglais la compriment et l'étouffent dans le sang. Plusieurs arrestations ont lieu : un des révoltés, bourgeois fort riche, du nom de Ringois, est jeté en prison. « Vous serez mis en liberté, lui proposent les officiers anglais, si vous consentez à prêter serment de fidélité à Édouard, roi d'Angleterre. » Ringois s'y refuse. Pour châtier ce refus, on le mène à Douvres, et on le conduit au sommet d'une tour au pied de laquelle est la mer furieuse. « Reconnaissez Édouard pour maître ou mourez », lui dit-on. Ringois réplique : « Je suis Français ». A ces mots, on le précipite dans la mer.

Cela est beau, cela est grand. Combien plus belle et plus grande encore est l'histoire de notre Jeanne d'Arc, l'immortelle libératrice du territoire

Jeanne d'Arc.

français au XVe siècle ! Vous savez que c'était une fille du peuple, une pauvre petite paysanne de Domrémy, en Lorraine. Tout enfant, elle avait entendu raconter les déprédations des envahisseurs de son pays. On lui avait décrit les châteaux envahis, les villes mises au pillage, les villages détruits et brûlés, le sang, le sang français répandu à flots. Et son cœur à elle avait aussi saigné, et son cœur s'était exalté à la pensée de tant de souffrances, au souvenir de tant de misères. Et l'enfant s'était dit, dans l'élan de sa tendresse, qu'elle délivrerait la France avec le concours des guides qui l'inspiraient et la dirigeaient.

Elle fit partager à quelques-uns de ceux qui l'entouraient sa foi dans sa mission nationale et sa puissance libératrice. Conduite auprès du roi Charles VII, elle devint l'un des chefs, faut-il dire, ou la protectrice inspirée de nos soldats? Elle combattit de sa personne, s'exposant à la mort avec une sublime bravoure, et pleurant cependant, comme une jeune fille qu'elle était, « toutes les fois qu'elle voyait couler le sang d'un Français ».

Abandonnée par la royauté qu'elle avait protégée et sauvée, livrée par les Anglais, dont elle était devenue la prisonnière, à un tribunal ecclésiastique présidé par l'évêque de Beauvais, Jeanne, l'héroïque jeune fille, fut condamnée à mourir sur un bûcher. Devant la mort, elle se montra aussi vaillante que devant l'ennemi. C'est en attestant son amour pour la France et en affirmant pour la dernière fois qu'elle n'avait fait qu'obéir aux êtres supérieurs et invisibles qui lui dictaient sa conduite, qu'elle rendit le dernier soupir.

Dans aucune histoire humaine, on ne rencontre un pareil fait de patriotisme; aussi nous ne connaissons pas de titre de noblesse plus précieux que celui-ci : être le compatriote de Jeanne la Lorraine.

A côté de cette figure idéale de la jeune fille de Domrémy, que de nobles physionomies de patriotes on peut placer! C'étaient ses dignes précurseurs, ces habitants de la Rochelle qui, suppliant le roi de France de venir à leur secours, afin d'empêcher leur ville de se courber sous la domination des Anglais, lui écrivaient : « Plutôt que ce malheur, nous aimerions mieux perdre tous les ans la moitié de nos revenus! Si nous y sommes contraints, nous nous soumettrons aux Anglais des lèvres, mais de cœur jamais! » C'était aussi un ancêtre en patriotisme de Jeanne la Lorraine que Bertrand Du Guesclin, l'intrépide capitaine breton, la terreur des bandits anglais, allemands, italiens qui, au XIVe siècle, ravageaient notre pays. Il s'était fait aimer à tel point du peuple de France, qu'il pouvait dire un jour, sans aucune vanterie : « Pour me faire sortir des prisons de l'étranger et me ramener au pays, il n'y a fileuse de France qui ne filât une quenouille. » Jeanne, la bonne Lorraine, aurait aussi salué avec un respect filial cette châtelaine de la Roche-Guyon, château fort situé près de Rouen, qui aima mieux perdre tous ses biens et voir con-

damner ses enfants à la pauvreté, que de renier le
saint nom de France. Assiégée dans son château,
menacée de succomber devant la famine, elle reçut
du roi d'Angleterre l'offre de conserver intacte sa
fortune sous la seule condition de reconnaître l'autorité anglaise. Elle refusa. Et lorsque le château
de la Roche-Guyon fut tombé aux mains de l'ennemi, elle prit par la main ses enfants en bas
âge, et, délaissant terres et richesses, elle se rendit
là où l'étranger n'était pas encore. Et plus tard ces
braves marins du vaisseau *le Vengeur* qui, après
avoir soutenu longtemps un combat acharné contre
trois vaisseaux anglais, aimèrent mieux couler avec
leur navire que d'être faits prisonniers.

Si Jeanne la Lorraine a eu de nobles ancêtres, elle
a eu également de dignes héritiers. Du xve siècle à la
Révolution française, il n'y a pas eu d'éclipse de
patriotisme en France. Les grands noms de Coligny,
de Turenne, de Catinat, sont là pour attester que
l'idée nationale a rencontré chez nous, à toutes les
époques, des serviteurs passionnés.

Au surplus, la vie d'une nation n'est pas une
série de batailles, et il est possible de la servir et de
contribuer à sa prospérité et à son illustration
autrement que par les armes. Les sciences, les
lettres, les arts, les progrès de l'industrie et de
l'agriculture, constituent une des plus précieuses
parties du patrimoine national. Ce patrimoine, la
France ne l'a jamais laissé inculte et stérile. Elle
s'est appliquée, au contraire, à l'augmenter sans

Le Vengeur.

cesse, à l'embellir, à le rendre plus éclatant et plus précieux. On a trop oublié que les premiers et les plus hardis explorateurs qui osèrent s'aventurer en pleine mer et ajouter les richesses des mondes inconnus aux richesses déjà classées, furent nos

Navigateurs dieppois.

compatriotes, les *Dieppois*. Dès 1350, bien avant les Portugais, ils avaient exploré les côtes de l'Afrique jusqu'au golfe de Guinée, où ils avaient fondé des comptoirs. C'est de là qu'ils rapportèrent la poudre d'or et l'ivoire. Malheureusement les guerres incessantes avec les Anglais vinrent les détourner de pousser plus avant ou dans d'autres sens leurs conquêtes commerciales.

Nous ne pouvons qu'indiquer ici quelques-uns des admirables travaux et des œuvres immortelles

Denis Papin.

dont la France a doté le monde. C'est à elle qu'est due la découverte de la puissance de la vapeur, cette force merveilleuse qui a permis de créer des moyens de locomotion si rapides et si puissants. Oui, c'est au Français Denis Papin que nous sommes redevables des bateaux à vapeur et des chemins de fer qui sont la résultante de la découverte qu'il a faite et des principes qu'il a posés.

Il faut même mentionner que Denis Papin ne s'en tint pas à des théories : il fit des expériences. Par ses soins, un bateau à vapeur fut construit, descendit un fleuve. De stupides bateliers allemands brisèrent l'œuvre produite par le génie de notre compatriote, qui fut reprise plus tard par un autre inventeur de génie, le marquis de Jouffroy.

Pour tout ce qui touche aux choses de la locomotion, la France s'est constamment montrée originale et créatrice.

Outre sa découverte de la vapeur, elle a imaginé, avec les frères Montgolfier, les moyens de s'élever dans l'air et de parcourir l'atmosphère. Les ballons sont une invention française. Prochainement peut-être, grâce à des Français, le capitaine Renard, M. Krebs, M. Gaston Tissandier, le docteur Hureau de Villeneuve, nous connaîtrons les moyens de les diriger.

Ce serait une erreur de croire que ces progrès ont été accomplis sans peine. Denis Papin est mort pauvre, méconnu, après avoir enduré les tribulations de la misère et de l'exil.

Ascension d'une montgolfière.

Plus de vingt aéronautes ont payé de leur vie, avant la découverte du capitaine Renard, la courageuse tentative de chercher à résoudre le problème de la direction des ballons. Parmi ces morts regrettés figurent deux jeunes hommes, Français tous les deux, Sivel et Crocé-Spinelli, qui avaient dévoué leur vie à l'art de la navigation aérienne.

Le soir, quand vous parcourez les rues de la ville, vous les trouvez brillamment éclairées par une lumière particulière, — la lumière du gaz. Eh bien, c'est encore à un de vos compatriotes, à Philippe Lebon, qu'est dû ce procédé d'éclairage. Lui aussi (comme la plupart des inventeurs) vécut pauvre. Il mourut tragiquement, assassiné, dit-on, par l'ordre d'étrangers jaloux de sa découverte.

Pénétrez-vous dans nos musées, vous y contemplez les tableaux magnifiques ou charmants, grandioses ou gracieux, de ces peintres français qui, dans tous les genres, ont composé des œuvres immortelles. Voici Clouet et sa galerie de portraits du XVIe siècle; voici Philippe de Champagne et ses compositions austères, tableaux de sainteté, figures historiques; voici Nicolas Poussin et ses paysages harmonieux; voici Claude Le Lorrain, ce maître de la couleur chaude et brillante, qui a su fixer sur la toile les rayons mêmes du soleil. Tant d'autres encore seraient à citer, depuis Lebrun et Lesueur jusqu'à Vernet, Greuze, Watteau et Chardin, sans oublier David, Prudhon, Géricault et ces morts d'hier, comparables aux plus illustres, Ingres,

Cathédrale de Reims. (Voy. p. 48.)

Théodore Rousseau et Eugène Delacroix. Si vous quittez les tableaux pour la sculpture, vous n'avez pas moins occasion d'être fiers d'appartenir à la nation française. La France n'est-elle pas la patrie de Jean Goujon, à qui nous devons l'admirable fontaine des Innocents, de Philibert Delorme, de Puget, cet émule de Michel-Ange, de Houdon, de Rude, dont vous admirez les bas-reliefs à l'arc de triomphe de l'Etoile, de David d'Angers qui a peuplé le pays de ses belles statues, de Carpeaux et de cent autres dont les œuvres ont fait dire que, dans l'art de la sculpture, aucun peuple (sans même en excepter le peuple grec) n'avait montré plus que nous de génie, — et de variété dans le génie? Vous attacherez-vous à la recherche des beaux édifices, témoignage des grandeurs du passé, et des espérances nationales? Ici encore, votre cœur de patriote sera satisfait. Nos cathédrales de Paris, de Reims, de Chartres, d'Amiens, d'Évreux, sont au nombre des merveilles du monde. Nos hôtels de ville de Paris, d'Arras, de Douai, de Valenciennes, sont des œuvres de haute valeur; les palais du Louvre, de Blois, de Chambord sont d'incomparables magnificences. Et combien d'autres édifices, d'une élégance parfaite, d'une audace grandiose, il y aurait à mentionner!

Les plaisirs de l'esprit, ceux qui viennent du livre, vous préoccupent-ils : sans parler de notre littérature du moyen âge, de nos troubadours et de nos trouvères, en négligeant même les auteurs du xvᵉ et du xviᵉ siècle, quelles riches offrandes vous

Cathédrale de Paris.

présente notre pays! Corneille, ce poète du devoir, est là avec le *Cid*, *Polyeucte* et *Cinna*; Racine, parmi ses chefs-d'œuvre, compte *Athalie* et *Britannicus*; Molière a mis en scène, avec une force comique sans égale, les travers et les défauts de la nature humaine; Voltaire et Rousseau ont combattu

Galerie du Louvre.

l'intolérance dans des livres animés de l'esprit le plus vif ou de la plus gracieuse élégance; Montesquieu a défendu les droits du genre humain; Buffon a retracé, en style magnifique, l'histoire de la nature. Vingt pages ne suffiraient pas à contenir les noms de ces consolateurs dont les œuvres ont créé un monde : le monde de l'imagination, de la poésie, du savoir.

La musique leur a prêté quelquefois son secours et son charme. Lulli, devenu Français par choix et

Le Louvre.

par goût, a composé des airs pour les pièces de Molière; Rameau, Grétry, Méhul, Hérold, Halévy se sont illustrés par des chants exquis, spirituels ou émouvants; Rouget de Lisle a composé la *Marseillaise*.

Le nom de ce chant incomparable nous fait songer à ce grand événement des temps modernes : la Révolution française. Par ses tendances, ses goûts, ses œuvres, la France devait aboutir à cette Révolution qui est, devant l'avenir, notre honneur et notre gloire.

Elle éclata, vous le savez, en 1789; la prise de la Bastille en fut le signal. Mais ce n'était pas, comme on l'a prétendu, un événement fortuit, le résultat d'un désaccord, plus ou moins passager, entre la royauté et le peuple. Non, c'était la conclusion nécessaire de revendications séculaires. C'était l'affirmation définitive du génie français, de ce génie si large, si généreux qui, lorsqu'il s'occupe de sa propre grandeur, s'occupe aussi de la **grandeur du genre humain**. C'est pourquoi la Révolution, voulant, dès ses premiers pas, montrer ce que serait son œuvre, affirma, dans une déclaration que nous devrions tous savoir par cœur, non seulement les droits du Français, mais les droits de l'homme.

Oh! sans doute, la Révolution ne put accomplir sa tâche pacifiquement et aux acclamations de tous. Elle rencontra des résistances qu'elle brisa violemment, elle fut en proie aux partis qui souvent la méconnurent et la rapetissèrent; mais ce sont là des accidents, ce n'est pas le côté essentiel de sa vo-

Cathédrale de Chartres.

lonté et de son œuvre. Si on vous demande où est ce côté essentiel, répondez en montrant cette Déclaration des droits de l'homme, qui semble avoir été inspirée par la liberté et dictée par la justice :

DÉCLARATION DES DROITS DE L'HOMME ET DU CITOYEN

Votée par l'Assemblée nationale en 1789.

« Les représentants du peuple français, constitués en Assemblée nationale, considérant que l'ignorance, l'oubli ou le mépris des droits de l'homme sont les seules causes des malheurs publics et de la corruption des gouvernements, ont résolu d'exposer, dans une déclaration solennelle, les droits naturels, inaliénables et sacrés de l'homme, afin que cette déclaration, constamment présente à tous les membres du corps social, leur rappelle sans cesse leurs droits et leurs devoirs; afin que les actes du pouvoir législatif et ceux du pouvoir exécutif, pouvant être à chaque instant comparés avec le but de toute institution politique, en soient plus respectés; afin que les réclamations des citoyens, fondées désormais sur des principes simples et incontestables, tournent toujours au maintien de la Constitution et au bonheur de tous.

« En conséquence, l'Assemblée nationale reconnaît et déclare, en présence de tous et sous les auspices de l'Être suprême, les droits suivants de l'homme et du citoyen :

Prise de la Bastille.

« ART. Iᵉʳ. — Les hommes naissent et demeurent libres et égaux en droits. Les distinctions sociales ne peuvent être fondées que sur l'utilité commune.

« ART. II. — Le but de toute association politique est la conservation des droits naturels et imprescriptibles de l'homme. Ces droits sont la *liberté*, la *propriété*, la *sûreté* et la *résistance* à l'*oppression*.

« ART. III. — Le principe de toute souveraineté réside essentiellement dans la nation. Nul corps, nul individu ne peut exercer d'autorité qui n'en émane expressément.

« ART. IV. — La liberté consiste à pouvoir faire tout ce qui ne nuit pas à autrui : ainsi l'exercice des droits naturels de chaque homme n'a de bornes que celles qui assurent aux autres membres de la société la jouissance de ces mêmes droits. Ces bornes ne peuvent être déterminées que par la loi.

«ART. V. — La loi n'a le droit de défendre que les actions nuisibles à la société. Tout ce qui n'est pas défendu par la loi ne peut être empêché, et nul ne peut être contraint à faire ce qu'elle n'ordonne pas.

« ART. VI. — La loi est l'expression de la volonté générale. Tous les citoyens ont droit de concourir personnellement ou par leurs représentants à sa formation. Elle doit être la même pour tous, soit qu'elle protège, soit qu'elle punisse. Tous les citoyens, étant égaux à ses yeux, sont également admissibles à toutes dignités, places et emplois publics, selon leur capacité, et sans autre distinction que celles de leurs vertus ou de leurs talents.

« Art. VII. — Nul homme ne peut être accusé, arrêté ni détenu que dans les cas déterminés par la loi, et selon les formes qu'elle a prescrites. Ceux qui sollicitent, expédient, exécutent ou font exécuter des ordres arbitraires, doivent être punis; mais tout citoyen appelé ou saisi en vertu de la loi doit obéir à l'instant; il se rend coupable par la résistance.

« Art. VIII. — La loi ne doit établir que des peines strictement nécessaires, et nul ne peut être puni qu'en vertu d'une loi établie et promulguée antérieurement au délit et légalement appliquée.

« Art. IX. — Tout homme étant présumé innocent jusqu'à ce qu'il ait été déclaré coupable, s'il est jugé indispensable de l'arrêter, toute rigueur qui ne serait pas nécessaire pour s'assurer de sa personne doit être sévèrement réprimée par la loi.

« Art. X. — Nul ne doit être inquiété pour ses opinions, même religieuses, pourvu que leur manifestation ne trouble pas l'ordre public établi par la loi.

« Art. XI. — La libre communication des pensées et des opinions est un des droits les plus précieux de l'homme; tout citoyen peut donc parler, écrire, imprimer librement, sauf à répondre de l'abus de cette liberté dans les cas déterminés par la loi.

« Art. XII. — La garantie des droits de l'homme et du citoyen nécessite une force publique; cette force est donc instituée pour l'avantage de tous, et non pour l'utilité particulière de ceux auxquels elle est confiée.

« Art. XIII. — Pour l'entretien de la force publique

et pour les dépenses d'administration, une contribution commune est indispensable; elle doit être également répartie entre tous les citoyens, en raison de leurs facultés.

« ART. XIV. — Tous les citoyens ont le droit de constater par eux-mêmes ou par leurs représentants la nécessité de la contribution publique, de la consentir librement, d'en suivre l'emploi, et d'en déterminer la quotité, l'assiette, le recouvrement et la durée.

« ART. XV. — La société a le droit de demander compte à tout agent public de son administration.

« ART. XVI. — Toute société dans laquelle la garantie des droits n'est pas assurée, ni la séparation des pouvoirs déterminée, n'a point de constitution.

« ART. XVII. — La propriété étant un droit inviolable et sacré, nul ne peut en être privé, si ce n'est lorsque la nécessité publique, légalement constatée, l'exige évidemment et sous la condition d'une juste et préalable indemnité. »

De pareilles affirmations, si équitables et si nobles, sont l'honneur du peuple qui les a fait entendre. Ce peuple, c'est le peuple français, le peuple dont vous êtes, enfants de nos écoles! Vous saurez défendre l'œuvre de la Révolution française, comme l'ont défendue ceux qui l'ont créée. Car il leur a fallu, pour maintenir leur création, autant d'énergie qu'il leur avait fallu d'inspirations généreuses et de génie pour la faire naître. Dans une journée fameuse, le 20 juin 1789, ils se réunirent à Versailles dans une salle nommée Salle du Jeu de Paume et firent le

Serment du Jeu de Paume.

serment de mourir plutôt que de ne pas donner la liberté à leur pays. Attaqués par la coalition des rois, exposés aux assauts furieux de presque toute l'Europe, nos pères de la Révolution firent face à toutes les attaques et les surmontèrent à force de patriotisme. Ils créèrent des armées, firent surgir des généraux, trouvèrent des ressources extraordinaires pour triompher d'une situation inouïe. Ils adressèrent au pays l'appel le plus éloquent que jamais nation ait entendu.

La France ne fut pas sourde à ces héroïques accents ; les paysans désertèrent la charrue pour courir aux frontières ; les ouvriers abandonnèrent l'atelier ; tous firent leur devoir, et l'envahisseur fut repoussé et la patrie fut libre. Le plus grand poète de notre temps, Victor Hugo, a raconté dans ces beaux vers les prodiges de patriotisme accomplis par les soldats de la Révolution française :

O soldats de l'an deux ! ô guerres ! épopées !
Contre les rois tirant ensemble leurs épées,
        Prussiens, Autrichiens,

. . . .
. . . .
        . . . . . , . .
Contre toute l'Europe avec ses capitaines,
Avec ses fantassins couvrant au loin les plaines,
        Avec ses cavaliers,
Tout entière debout comme une hydre vivante.
Ils chantaient, ils allaient, l'âme sans épouvante
        Et les pieds sans souliers !
Au levant, au couchant, partout, au sud, au pôle,
Avec de vieux fusils sonnant sur leur épaule !
        Passant torrents et monts,

Sans repos, sans sommeil, coudes percés, sans vivres,
Ils allaient fiers, joyeux et soufflant dans les cuivres,
      Ainsi que des démons.
La liberté sublime emplissait leurs pensées.
Flottes prises d'assaut, frontières effacées,
      Sous leur pas souverain,
O France, tous les jours c'était quelque prodige,
Chocs, rencontres, combats; et Joubert sur l'Adige,
      Et Marceau sur le Rhin !
On battait l'avant-garde, on culbutait le centre,
Dans la pluie et la neige et de l'eau jusqu'au ventre,
      On allait en avant !
Et l'un offrait la paix, et l'autre ouvrait ses portes,
Et les trônes, roulant comme des feuilles mortes,
      Se dispersaient au vent !
Oh ! que vous étiez grands au milieu des mêlées,
Soldats ! l'œil plein d'éclairs, faces échevelées
      Dans le noir tourbillon.
Ils rayonnaient, debout, ardents, dressant la tête,
Et comme les lions aspirent la tempête
      Quand souffle l'aquilon,
Eux dans l'emportement de leurs luttes épiques,
Joyeux ils savouraient tous ces bruits héroïques,
      Le fer heurtant le fer,
La *Marseillaise* ailée et volant dans les balles,
Les tambours, les obus, les bombes, les cymbales,
      Et ton rire, ô Kléber !
La Révolution leur criait : — Volontaires,
Mourez pour délivrer tous les peuples vos frères !
      Contents, ils disaient oui !
Allez, mes vieux soldats, mes généraux imberbes !
Et l'on voyait marcher ces va-nu-pieds superbes
      Sur le monde ébloui.
La tristesse et la peur leur étaient inconnues.
Ils eussent sans nul doute escaladé les nues,
      Si ces audacieux,
En retournant les yeux dans leur course olympique,
Avaient vu derrière eux la grande République,
      Montrant du doigt les cieux.

Les idées exprimées par la Révolution française étaient si belles et si justes, qu'elles obtinrent le respect et l'admiration des plus grands esprits du monde. L'illustre philosophe allemand Kant, l'un des penseurs les plus éminents des temps modernes, parla avec une sympathie profonde des événements accomplis en France et des principes proclamés par la Révolution. Le poète Gœthe, que l'Allemagne regarde comme un de ses plus puissants génies, partagea à cet égard les sentiments de son compatriote Kant. Le philosophe Fichte, digne émule de celui-ci, consacra tout un livre à la glorification de la Révolution française. En Angleterre, le savant Priestley, aussi admirable par ses vertus qu'il était grand par son génie, accepta avec reconnaissance le titre de citoyen français que lui décerna la Révolution. L'éloquent auteur du poème intitulé la *Messiade*, le Saxon Klopstock, ne se sentit pas moins flatté d'avoir obtenu un semblable honneur.

Que prouve cette admiration des étrangers, sinon la beauté, la justice, la sublimité de notre Révolution nationale? Depuis, on a pu la jalouser et la dénigrer, mais ce premier élan des nations voisines, ces applaudissements universels sont un hommage que rien ne saurait effacer et qui équivaut aux plus glorieuses louanges.

Elle nous a légué, cette Révolution immortelle, les principes contenus dans la Déclaration des droits de l'homme, et elle a abouti, à travers de nombreuses et sanglantes vicissitudes, à la forme de gouvernement qui domine la France, à la République.

Connaître les principes de la Déclaration des droits de l'homme, savoir ce qu'est dans son ensemble et

Fête de la Fédération.

dans ses détails le gouvernement de notre pays, rechercher les meilleurs moyens de maintenir la paix, l'ordre et le progrès dans notre République : tel est l'objet de l'éducation civique.

CHAPITRE VII

L'ÉDUCATION CIVIQUE

La Révolution a fait de nous des citoyens. Elle nous a donné le droit, et par conséquent imposé le devoir de participer au gouvernement de notre patrie.

Celui-là donc est infidèle à l'esprit de la Révolution française, celui-là est un mauvais citoyen qui ne s'inquiète pas de connaître ce qu'est son pays au point de vue administratif, politique, qui se repose de ce soin sur autrui, comme s'il s'agissait d'une chose indifférente à sa conscience et à ses intérêts. Sous la République on n'a pas le droit d'agir ainsi, d'abdiquer entre les mains d'un autre. Il faut penser par soi-même, s'inquiéter d'apprendre ce qu'on ne sait pas, étudier afin de pouvoir comparer, être un homme enfin, et non une sorte de machine que les gens pervers peuvent employer à des choses funestes.

De là, dans une République, la nécessité de donner

à tous les citoyens l'instruction la plus large possible. Car où est pour l'ignorant la possibilité d'être libre et d'agir aveo fermeté? Il est à la discrétion des personnes qui le renseignent, et qui peuvent le tromper. Tiraillé en sens contraire et sans aucun pouvoir de contrôle, il se contredira, hésitera, ou se réfugiera dans l'inaction. Dans le premier cas il jouera le rôle de dupe, dans le second il deviendra un véritable déserteur de la patrie, le déserteur des devoirs civiques. Le gouvernement de la République, voulant éviter à l'avenir les dangers qui résultent de l'ignorance, a rendu l'instruction obligatoire, gratuite et laïque. Cette grande réforme ne s'est pas accomplie sans peine ; longtemps avant qu'elle fût officiellement réalisée, elle avait été réclamée d'abord par le Cercle havrais de la Ligue de l'enseignement, puis au commencement de l'année 1870 par un comité formé à Strasbourg, à la tête duquel se trouvaient M. Jules Simon et M. Jean Macé, fondateur de la Ligue de l'enseignement, aujourd'hui sénateur, et auteur de livres populaires que vous avez lus ou que vous lirez un jour, *Histoire d'une bouchée de pain*, les *Serviteurs de l'estomac*, etc.

Mais ce n'est qu'après la guerre de 1870-1871 qu'un immense mouvement fut organisé par le Cercle parisien de la Ligue de l'enseignement, avec le concours d'autres sociétés de la Ligue et de la presse républicaine. L'idée fut jugée si belle et si juste que, malgré le découragement dans lequel le pays se trouvait au lendemain de nos désastres, le Cercle parisien recueillit en très peu de temps 1 million 267 267 signatures, non compris plus de 100 000 signatures envoyées directement à la Chambre des Députés. Immédiatement après, et afin de compléter son œuvre, le Cercle parisien envoya, comme moyen de contrôle, la déclaration suivante à presque tous les conseils municipaux de France :

« Considérant que l'esprit a autant besoin de lumière que le corps a besoin d'aliments ; que l'expérience a démontré que le niveau moral d'un peuple s'élève avec son degré d'instruction ; que, dans un gouvernement républicain basé sur le suffrage universel, tous les citoyens doivent être mis à même de comprendre leurs devoirs et leurs droits,

« Les soussignés demandent l'instruction primaire *obligatoire*, *gratuite* et *laïque*, pour les deux sexes, dans toutes les écoles subventionnées par les communes, les départements et l'État :

« *Obligatoire* dans le double intérêt de l'individu et de la société, au nom de leur solidarité réciproque ;

« *Gratuite* au nom de l'égalité, et pour ôter tout prétexte aux mauvais vouloirs ;

« *Laïque* parce que ce principe : *la science à l'école et l'instruction religieuse à l'église*, est le seul qui protège efficacement la liberté de conscience. »

Les municipalités qui ont répondu affirmativement sur tous ces points représentent plus de la moitié de la population de la France.

En présence de manifestations aussi imposantes,

le gouvernement de la République comprit qu'il devait obéir à cette volonté du pays. Nous n'en devons pas moins remercier la Chambre des Députés, le Sénat et le ministre de l'Instruction publique, M. Jules Ferry, car tous ont bien mérité de la patrie en édictant une loi d'une importance telle que, depuis la Révolution française, rien ne peut lui être comparé.

Il fut décidé en outre que, dans les écoles, un enseignement civique serait donné. C'était là une mesure indispensable. Pour apprécier l'étendue de ses devoirs envers le pays, il est nécessaire de savoir comment le pays est organisé, ce qu'il nous donne et ce qu'il nous demande.

Déjà vous avez pu apprécier les bienfaits de cette loi, et vous rendrez justice aux auteurs de ce grand mouvement national, qui furent attaqués avec la plus grande violence par leurs adversaires qui leur reprochaient, bien à tort, de vouloir introduire l'athéisme à l'école. Jean Macé a très spirituellement réfuté ce singulier reproche d'athéisme dans les lignes suivantes :

« Pourriez-vous me dire quel rapport il y a entre l'alphabet et l'existence de Dieu? si l'on ne peut pas faire tracer à un écolier des ronds et des jambages, des pleins et des déliés, sans toucher à l'infaillibilité du pape? ce que la question du célibat des prêtres viendrait faire dans la règle des participes? par où le Messie des juifs peut se trouver mêlé à la théorie du plus grand commun diviseur?

« Non, l'école ne sera pas athée, parce que la lecture et l'écriture n'ont jamais été de l'athéisme et ne le seront jamais; parce que la grammaire n'est pas athée; parce que, quand on vient demander à un homme de vous enseigner l'arithmétique et qu'il vous l'enseigne sans vous parler de religion, il est aussi déraisonnable de crier à l'athéisme sur son école, qu'il le serait, en sortant de chez un cordonnier qui vous a pris la mesure d'une paire de bottes sans aborder avec vous la question religieuse, d'ameuter les passants devant sa porte en criant : Voilà une boutique qui est athée! »

En France quatre religions sont reconnues par l'État, ce sont les religions catholique, protestante, israélite et musulmane; l'école publique étant commune, elle doit forcément être neutre pour remplir les conditions de justice et de liberté de conscience que l'État doit à chaque citoyen français.

L'enseignement des religions doit se faire en dehors de l'école; c'est ainsi que l'ont compris les catholiques hollandais, qui ont réclamé et obtenu cette réforme en Hollande.

L'enseignement a donc été organisé en France de façon que chacun de nous devînt un citoyen et un patriote. Cet enseignement se divise en trois ordres :

1° L'enseignement primaire, comprenant les *écoles maternelles*, les *écoles primaires*, les *écoles supérieures* et les *écoles normales primaires*. Cet enseignement est donné gratuitement à tous les enfants;

2° L'enseignement secondaire, qui est donné dans les *collèges communaux*, dans les *lycées*;

3° L'*enseignement supérieur* ou enseignement des facultés des lettres, des sciences, de médecine, de droit et de théologie, auquel se rattachent l'École normale supérieure, d'où sortent les professeurs de lycée, l'École polytechnique, destinée à former des élèves pour l'artillerie, le génie, les ponts et chaussées, et le Collège de France.

A chacun de ces enseignements correspondent des titres scientifiques, des brevets de capacité. Au terme des études primaires on peut obtenir le *Certificat d'études;* à la fin des études secondaires on peut recevoir le *Diplôme de Bachelier ès lettres* ou *ès sciences;* les facultés confèrent à ceux qui sont déjà bacheliers les grades de *Licencié* et de *Docteur* ès sciences ou ès lettres.

Certes, l'instruction supérieure est extrèmement utile, mais l'instruction primaire est indispensable. Et dans cette instruction figure cet enseignement civique qui nous apprend à connaître ce qu'est notre patrie.

La France est une République divisée en communes, cantons, arrondissements et départements, gouvernée par le suffrage universel.

On appelle suffrage universel l'ensemble des votes émis par les électeurs. Vous devinez, sans qu'il soit besoin d'insister, que les citoyens ne peuvent pas se réunir fréquemment sur la place publique pour discuter et résoudre les questions politiques ; mais ce qu'ils ne peuvent pas faire, *ils peuvent le faire faire.* Il est en leur pouvoir de désigner, à des intervalles déterminés, les personnes chargées des discussions et des solutions politiques; ce droit de désignation, c'est le droit électoral. Un électeur est donc un citoyen ayant le droit de **désigner un** autre citoyen pour résoudre les affaires publiques. Le citoyen choisi pour cet office est un délégué du peuple, un député.

Le droit électoral n'est pas dévolu à tout le monde; pour l'exercer, il faut remplir des conditions particulières d'âge et d'honorabilité.

Tout citoyen français âgé de vingt et un ans accomplis et non reconnu indigne par arrêt d'un tribunal est électeur.

Le droit de vote se constate par l'inscription du nom de l'électeur sur une liste électorale.

Chaque département nomme autant de députés que sa population renferme de fois 70 000 habitants ou fraction inférieure à 70 000 (les étrangers non compris), mais en aucun cas le nombre de ses représentants ne peut être inférieur à 3.

Le territoire de Belfort en nomme 2, l'Algérie 6 et les colonies 10.

Les membres des familles qui ont régné sur la France sont inéligibles à la Chambre des Députés.

Le vote est secret ; personne n'a le droit d'exiger qu'un électeur fasse connaître ses préférences personnelles. Il inscrit sur son bulletin de vote le nom qui lui convient. L'acte qu'il accomplit ainsi est un acte de souveraineté.

Mais, par cela même que cet acte est d'une souveraineté absolue, combien il est nécessaire qu'il soit accompli avec réflexion et conscience !

Ces députés que vous allez nommer décideront en votre nom, pour vous-même, des intérêts les plus solennels et les plus importants ; s'il sont légers, inconsistants, peu capables ou point scrupuleux, ils pourront, par leurs votes, en usant de la délégation que vous leur avez donnée, attirer sur la patrie des désastres et la précipiter dans la ruine. Nous ne l'avons que trop appris à nos dépens, en 1870.

Si les électeurs de ces députés avaient pu prévoir que leur choix aurait pour conséquence la perte de l'Alsace et de la Lorraine, la mort de milliers de jeunes gens, la honte de l'invasion, un impôt de guerre de cinq milliards, certes ils auraient reculé devant la responsabilité d'un tel vote. Eh bien, toutes les fois qu'on use de son droit électoral, il faut se souvenir du passé, des leçons qu'il nous donne et se dire que la légèreté présente serai: plus coupable que la légèreté de jadis, puisque nous avons devant les yeux une si cruelle expérience.

Mais comment faire pour bien voter ? Il faut se renseigner au moyen des journaux, des réunions publiques, ne pas accepter sans vérification tous les hommes qui s'offrent à nos suffrages. Il est également nécessaire de prendre sérieusement connaissance de ce que propose le candidat, d'examiner si, pour nous flatter et surprendre nos voix, il ne promet pas des choses dont la réalisation est impossible. Cette sorte de mensonge est une des actions les plus abominables qu'on puisse commettre. C'est un attentat à la naïveté, à l'innocence, à la crédulité de l'électeur. Prenons garde par conséquent d'être trop crédules. Pour cela étudions le plus possible, réfléchissons, ne nous laissons pas aller aux engouements; le repentir les suivrait bien vite.

La Chambre des Députés se compose actuellement de 584 députés, nommés pour quatre ans. Au bout de ce temps, de nouvelles élections doivent avoir lieu.

Les députés font les lois, concurremment avec une autre assemblée, nommée le Sénat, comprenant 300 membres, élus par un suffrage spécial.

Le Sénat et la Chambre des Députés délibèrent séparément, sauf dans deux cas, où ils se réunissent en *Congrès*. Dans le premier de ces cas, ils se rassemblent pour choisir le Président de la République, qu'ils élisent pour sept ans; aux termes de la Constitution qui régit le pays, le Président peut être réélu à l'expiration de son mandat.

Dans le second cas, sénateurs et députés, réunis en Congrès, travaillent ensemble à l'amélioration de la Constitution; ils la *revisent*, selon le terme consacré.

Si le Sénat et la Chambre des Députés font des lois (ce qui les a fait appeler le Pouvoir législatif), c'est le Pouvoir exécutif, le gouvernement ainsi qu'on le désigne familièrement, qui assure la mise en pratique des lois de la République.

Le plus haut fonctionnaire du gouvernement de la France, c'est le Président dont nous avons parlé. Il choisit les ministres chargés de veiller à l'execution des lois et de faire respecter à l'étranger les intérêts de la nation et le drapeau de la patrie.

Nous nous sommes déjà occupés du ministère de l'Instruction publique, qui, en dehors des attributions que nous avons énumérées, a sous sa surveillance le Muséum d'histoire naturelle, les observatoires d'astronomie, de météorologie, les bibliothèques publiques, les théâtres et les beaux-arts; il veille à la propriété de nos musées, qui renferment des tableaux, des statues, des gravures, des meubles, des ivoires et faïences artistiques, et il achète pour enrichir ces collections les œuvres qui lui paraissent les plus belles. Les beaux-arts comprennent : la peinture, la sculpture, l'architecture, la musique. Les principes de ces arts sont enseignés gratuitement dans notre École nationale des beaux-arts et au Conservatoire de musique et de déclamation.

Du ministère du Commerce relèvent les Écoles d'arts et métiers d'Aix, Angers, Châlons-sur-Marne, et le Conservatoire des arts et métiers de Paris.

Le ministre de la Justice nomme deux sortes de magistrats chargés de l'application de la loi (juges de paix, conseillers à la Cour d'appel et à la Cour de cassation, juges de tribunaux correctionnels et civils), et les magistrats chargés de réclamer l'application de la loi (procureurs généraux, avocats généraux, procureurs de la République et substituts).

Il a sous sa direction l'administration des Cultes.

Le monde compte un très grand nombre de religions, mais, en France, il n'en est que trois qui reçoivent des subsides du gouvernement, ce sont le judaïsme, le catholicisme et le protestantisme, excepté, pour ce dernier culte, quelques chapelles indépendantes qui n'ont demandé aucun secours de l'État.

Le ministre des Travaux publics dirige, au moyen d'ingénieurs placés sous ses ordres (ingénieurs des ponts et chaussées et des mines), la confection et l'entretien des routes, des canaux, des ports, l'exploitation des mines de métaux, de houille, des carrières, des chemins de fer construits aux frais de l'État.

Le ministre des Postes et Télégraphes s'occupe du transport des lettres et de l'envoi des dépêches télégraphiques.

Le ministre de la Guerre a sous ses ordres notre armée, comprenant : l'armée active et l'armée territoriale. Il dirige également l'École de Saint-Cyr, où se forment les officiers d'infanterie et de cavalerie ; l'École polytechnique, où les jeunes gens peuvent se préparer à devenir officiers d'artillerie, du génie ou ingénieurs.

Le ministre de la Marine et des Colonies commande à toute notre flotte, vaisseaux, corvettes, cuirassés, frégates, navires en bois de toutes dimensions. Il recrute à l'école navale de Brest la plupart de ses officiers, il administre les possessions de la France au delà des mers, sauf l'Algérie, qui a un gouverneur général dépendant du ministre de l'intérieur. L'Algérie est divisée en trois départements, Alger, Constantine et Oran. La Tunisie, qui est aujourd'hui sous le protectorat français, forme une administration à part.

Le ministre de l'Agriculture a dans ses attributions les écoles où l'on enseigne la pratique de la science agricole : l'Institut agronomique de Paris, les écoles de Grignon et de Montpellier, les écoles élémentaires (fermes-écoles) disséminées dans un grand nombre de départements, les écoles où l'on apprend à soigner les animaux, c'est-à-dire les écoles de médecine vétérinaire d'Alfort, de Lyon, de Toulouse.

Par les soins du ministre ou des fonctionnaires placés sous ses ordres, des concours agricoles sont organisés, où figurent les plus beaux produits du sol, les machines les plus perfectionnées, les bestiaux les plus remarquables. Le ministre s'occupe aussi de la surveillance et de l'amélioration des forêts qui appartiennent à l'État. C'est de l'École forestière de Nancy que sortent les fonctionnaires chargés de cette surveillance.

Le ministre de l'Intérieur a pour fonction essentielle de maintenir l'unité politique de notre pays au moyen de ses agents. A la tête de chaque départe-

ment il place un préfet, et dans chaque arrondissement un sous-préfet, et à côté de lui un Conseil de
préfecture, sorte de tribunal chargé de statuer sur
les réclamations que les particuliers élèvent contre
l'État.

Si les particuliers ne sont pas satisfaits des décisions des Conseils de préfecture, ils peuvent en appeler au Conseil d'État, qui juge à Paris et en dernier
ressort.

Le ministre de l'Intérieur dirige, en outre, le service de l'assistance publique, des hôpitaux de malades, des hospices d'aliénés ou de vieillards ; il a
dans son administration la police du pays tout entière, la surveillance des prisons.

Le ministre des Finances recueille l'argent nécessaire pour faire face aux diverses dépenses de l'État.
Cet argent est le produit de l'impôt, c'est-à-dire
qu'il est formé par les sommes grosses ou petites
que chacun de nous paye à l'État, car enfin, puisque
l'État nous donne des écoles pour nous instruire,
des chemins pour le transport facile de nos marchandises, des armées pour la protection de notre
territoire, il faut bien que nous lui fournissions les
moyens de payer les personnes qui travaillent pour
nous.

Nous nous acquittons envers lui en payant l'impôt.
Cet impôt, nous le payons directement lorsque nous
remettons au percepteur l'argent qu'il nous demande
pour solder une partie de notre dette nationale. Nous
le payons indirectement quand nous achetons, par

exemple, une marchandise sur le prix de laquelle l'État a prélevé une somme déterminée.

Le ministre des Affaires étrangères veille au bon état de nos relations avec tous les peuples du monde et protège nos compatriotes en pays étrangers, au moyen de ses *agents diplomatiques*, appelés *ambassadeurs* quand ils représentent le gouvernement chez les grandes nations, et ministres *plénipotentiaires* quand ils nous représentent dans les autres pays.

Les ministres dont nous venons d'énumérer les attributions sont placés sous la direction de l'un d'entre eux, choisi à cet effet par le Président de la République et qui prend le titre de Président du Conseil des ministres.

Il ne faudrait pas croire que les ministres font tout ce qu'ils veulent et qu'ils ont pour règle leur caprice. Les actes qu'ils accomplissent sont soumis au contrôle et au jugement de la Chambre des Députés et du Sénat. Si ces actes sont approuvés par la majorité des élus du peuple, les ministres restent en fonctions; s'ils sont désapprouvés, ils se retirent et sont remplacés par de nouveaux ministres que désigne le Président de la République.

Tels sont le mécanisme et le fonctionnement du gouvernement parlementaire.

Les lois votées deviennent obligatoires; elles s'imposent à l'obéissance de tous les citoyens. S'il en est parmi eux qui refusent de s'y soumettre, qui commettent des actes contraires à l'ordre, à la probité, ces citoyens-là doivent être contraints à obéir ou punis de leur désobéissance aux lois politiques et sociales. Pour assurer l'exécution des lois, il a fallu créer un nouveau pouvoir, appelé le pouvoir judiciaire ou plus populairement la *justice*. Nous en avons déjà dit un mot à propos du ministère de ce nom.

Les hommes qui exercent le pouvoir judiciaire se nomment *magistrats*. Ils sont nommés par le gouvernement, représenté en cette circonstance par le ministre de la Justice. Une fois nommés, ils sont inamovibles, ce qui signifie qu'on ne peut les destituer ou les changer de résidence que pour des motifs d'une extrême gravité.

Le pouvoir judiciaire comprend des tribunaux d'espèces diverses.

Il y a, pour juger les crimes, des tribunaux nommés *Cours d'assises*.

La Cour d'assises juge les voleurs avec effraction ou à main armée, les faussaires, les incendiaires, les meurtriers, les assassins, etc.

Ce tribunal se compose de *jurés*, simples citoyens choisis parmi les habitants les plus instruits du département où s'établit la Cour d'assises.

Dans chaque affaire criminelle, les jurés siègent au nombre de douze; ils n'ont à décider qu'une seule question, celle-ci : l'accusé est-il coupable ou n'est-il pas coupable? Le caractère de la peine à appliquer regarde les magistrats dont c'est la profession de juger, et qui, au cours de la session, siègent au nombre de trois.

Les peines édictées sont la peine de mort, les travaux forcés à perpétuité ou à temps, l'emprisonnement pour un nombre d'années déterminé.

Les crimes moins considérables que ceux que nous venons d'énumérer, les délits ainsi qu'on les désigne, c'est-à-dire les vols accomplis sans violence contre les personnes, ou sans effraction, les coups et blessures, les escroqueries, etc., sont jugés par un autre tribunal que la Cour d'assises; ils relèvent de la police correctionnelle.

Ici point de jurés, rien que des juges, condamnant, s'il y a lieu, à l'amende ou à la prison, ou aux deux pénalités à la fois.

Enfin, au-dessous des crimes et délits, se rencontrent des actes punissables, mais de gravité moindre, qualifiés de *contraventions*. Ils sont jugés par le tribunal de simple police, qui a pour magistrat unique le *juge de paix*. Le maximum des condamnations qu'il prononce est de cinq jours de prison.

Quelque précaution que l'on prenne pour ne traduire devant la juridiction criminelle, correctionnelle et de simple police, que des coupables, il peut arriver qu'on se trompe. Il faut donc permettre à l'accusé de donner de son innocence toutes les preuves qu'il estime nécessaire de produire. En conséquence, les *débats* devant les tribunaux sont publics, ce qui est une garantie pour l'accusé. Il peut se défendre lui-même ou se faire défendre par un avocat, dont c'est la profession de connaître les lois et de discuter les intérêts d'autrui.

Est-il condamné, une ressource lui est **encore** offerte : il peut, s'il s'agit d'affaires correctionnelles, **en** *appeler* et faire de nouveau juger son procès.

C'est à une cour spéciale, la *Cour d'appel*, que son affaire revient, cette fois définitivement.

Il n'y a pas procès seulement que pour des faits criminels; il s'en élève aussi entre les particuliers pour des questions d'intérêts privés. On dispute pour savoir qui doit avoir tel ou tel héritage, comment tel contrat doit être interprété; c'est la juridiction civile qui a la charge de ces sortes d'affaires.

Les tribunaux civils comprennent : la *justice de paix*, où se rencontre un seul juge qui prononce sur les affaires de peu d'importance, après avoir essayé préalablement de mettre d'accord les plaideurs; le *tribunal civil*, qui peut juger en appel les affaires de la justice de paix, et qui s'occupe des contestations privées plus importantes que celles qui sont du ressort de la justice de paix.

Si les plaideurs ne sont pas satisfaits de la sentence rendue par le tribunal civil, ils peuvent la déférer à la Cour d'appel.

Enfin, une autre ressource leur reste, mais bien aléatoire celle-là : ils peuvent soumettre le jugement qui les frappe (les condamnés de la juridiction criminelle ont aussi ce droit) à une cour suprême : la *Cour de cassation*. Cette cour ne juge pas les faits du procès, elle ne prononce pas que l'accusé est coupable ou innocent, que le plaideur a tort ou raison, mais elle décide si toutes les formes de la loi ont été bien remplies, si la légalité a été strictement observée. Si la loi a été obéie, la condamnation ou le jugement subsistent; si des négligences ont été commises, si des formalités ont été oubliées, si des erreurs — toujours dans l'interprétation et l'application de la loi — sont constatées, la Cour de cassation ordonne que l'affaire sera reprise devant de nouveaux tribunaux, et recommencée comme si rien n'avait été fait.

Il nous reste enfin à signaler une juridiction d'un ordre spécial : les tribunaux de commerce et les conseils de prud'hommes.

L'institution de juges spéciaux au commerce est fort ancienne. On en trouve des traces dès le XIVe siècle.

Il était naturel, étant donnés les abus nombreux résultant de l'application de la justice ordinaire à cette époque reculée, de voir les commerçants, les marchands, comme on les appelait alors, réclamer une juridiction qui leur fût propre et qui leur évitât surtout les lenteurs qui ne peuvent s'accommoder avec les besoins d'activité et de rapidité des transactions et des échanges.

Ce fut sous le règne du roi Charles IX, en 1564, qu'un édit royal, préparé par les soins d'un homme d'État célèbre, le chancelier de l'Hospital, institua à Paris le premier tribunal de commerce. Il était composé d'un juge et de quatre consuls élus par une réunion des marchands et des échevins de la ville.

Ces juges-consuls étaient élus chaque année. L'édit portait qu'ils étaient créés « *pour le bien public et abréviation de tous procès et différends entre marchands qui doivent négocier ensemble et de bonne foi, sans être astreints aux subtilités des lois et ordonnances* ».

Au siècle suivant, en 1673, l'édit de Charles IX fut appliqué par Louis XIV à tout le royaume.

Un décret du 27 janvier 1791 remplaçant les juges créa les tribunaux de commerce, qui furent réorganisés par une loi du 24 septembre 1807, en même temps qu'on établissait le Code de commerce.

Le rapporteur, le tribun Gillet, expliquait en ces termes les principes de la juridiction commerciale : « *1° expérience des juges dans les opérations du commerce; 2° simplicité dans les débats entre les parties; 3° procédure expéditive; 4° rapidité dans l'exécution des jugements.* »

L'élection du président et des juges de tribunaux de commerce fut longtemps confiée à un corps électoral restreint dont les électeurs, choisis parmi « *les commerçants recommandables par leur probité, leur esprit d'ordre et d'économie* (art. 618) », s'appelaient *notables commerçants* ou *électeurs consulaires*.

Une loi récente (décembre 1883) a étendu le corps électoral à tous les commerçants ou industriels *patentés depuis cinq ans*.

La mission des tribunaux de commerce est très

importante : les juges doivent apporter, pour connaître des différends journaliers entre commerçants et industriels, une grande droiture, une expérience complète et la pratique des habitudes, coutumes et usages commerciaux.

Ils peuvent être choisis parmi les commerçants ou anciens commerçants ayant exercé pendant cinq ans au moins, et être âgés d'au moins trente ans.

Ils connaissent de tous les actes de commerce entre négociants, marchands et banquiers, entre associés, et aussi des différends entre patrons et employés de commerce. Pour ces derniers la juridiction des prud'hommes est généralement réclamée.

Les tribunaux de commerce reçoivent à leur greffe le dépôt des marques de fabrique.

Ils sont le tribunal d'appel des sentences ou jugements rendus par les conseils de prud'hommes.

Les jugements des tribunaux de commerce sont *sans appel* ou en *dernier ressort* pour les contestations dont le principal ne dépasse pas 1500 francs. Au-dessus de cette somme, il peut être fait appel de leurs jugements, qui sont alors en *premier ressort* devant la Cour d'appel dans le ressort de laquelle le tribunal est situé.

Les tribunaux de commerce prononcent la *faillite* des commerçants, industriels, négociants, banquiers, devenus insolvables.

Il est désirable que la loi de 1838 sur les faillites, qui ne fait aucune différence entre les commerçants devenus insolvables par leur faute ou par des circonstances indépendantes de leur volonté, soit modifiée dans un sens plus équitable.

Le tribunal de commerce de Paris, qui fait autorité en matière de jurisprudence commerciale, est le plus important de France. Il a été saisi en 1883 de plus de 75 000 affaires.

Il existe actuellement en France 220 tribunaux de commerce.

Les juges de commerce ne reçoivent aucune rétribution; les fonctions électives qu'ils remplissent sont une preuve de la confiance et de l'estime de leurs concitoyens.

Les conseils de prud'hommes ont été institués pour concilier les différends qui s'élèvent entre les fabricants et les chefs d'atelier, contremaîtres, ouvriers ou apprentis.

Lorsqu'ils n'ont pu obtenir la conciliation, ils prononcent une sentence ou jugement.

Ils sont chargés de juger tout ce qui concerne les contrats d'apprentissage, ainsi que les difficultés relatives au louage d'ouvrage et d'industrie.

Les conseils de prud'hommes sont établis dans toutes les villes ou communes où les besoins de l'industrie le réclament, sur l'avis des conseils municipaux, chambres de commerce et chambres consultatives des arts et manufactures.

Ils sont composés de patrons et d'ouvriers en nombre égal, nommés à l'élection par les fabricants et par les ouvriers exerçant leur industrie depuis cinq ans et âgés de vingt-cinq ans au moins. Une loi à l'étude étend l'électorat et l'éligibilité à tous les patrons et ouvriers portés sur les listes électorales ordinaires

Les conseillers choisissent parmi eux, à l'élection, le président, le vice-président et le secrétaire-greffier du conseil. Lorsque le président est choisi parmi les patrons prud'hommes, le vice-président doit être choisi parmi les prud'hommes ouvriers et *vice versa*.

Il faut actuellement, pour être élu prud'homme, être âgé de trente ans, savoir lire et écrire.

La compétence d'un conseil s'étend sur tous les justiciables dont le domicile ou l'industrie sont situés dans la circonscription désignée par le décret du Président de la République qui l'a institué.

Chaque conseil siège en *bureau particulier*, composé d'un prud'homme patron et d'un prud'homme ouvrier, chargés de concilier les parties, et en *bureau général*, composé d'au moins 2 prud'hommes patrons et 2 prud'hommes ouvriers, non compris le président ou le vice-président du conseil. Le bureau général est chargé de juger lorsque la conciliation n'a pu avoir lieu.

Les jugements sont définitifs et *sans appel* jusqu'à la somme de deux cents francs en capital.

Pour les demandes au-dessus de cette somme, la partie qui succombe peut faire appel devant le tribunal de commerce de la circonscription.

Le premier conseil de prud'hommes fut établi à Lyon en 1806 pour les fabricants et ouvriers en soie et les teinturiers.

Actuellement, des conseils sont établis dans un grand nombre de villes et de localités industrielles.

Paris compte quatre conseils : ceux des métaux, tissus, produits chimiques et industries diverses.

Lyon a deux conseils : soieries, tissus; bâtiment.

La loi en préparation rendra justiciables des prud'hommes toutes les industries sans exception.

Les prud'hommes sont également chargés de la conservation ou dépôt des dessins et modèles industriels, dont le dépôt au secrétariat du conseil constitue la date de priorité de création.

Cette institution rend les plus grands services, à Paris surtout, où ils connaissent d'environ 20 000 affaires, et tiennent quatre audiences par semaine. La compétence des conseillers, leur esprit de justice, le choix de leurs pairs en font des magistrats justement honorés.

Le Président de la République, répondant à M. Muzet, président du conseil des tissus de Paris, qui avait l'honneur de présenter au Chef de l'État les présidents et vice-présidents nouvellement élus, s'exprimait ainsi :

Je vous remercie, monsieur le président, des paroles que vous venez de m'adresser au nom des conseils de prud'hommes de Paris. Je vous remercie tous, messieurs, vous les représentants de leur choix, du témoignage de dévouement que vous m'apportez et auquel je suis très sensible.

« Je connais, en effet, messieurs, votre institution si utile; je connais et j'apprécie, à leur juste valeur, les services que vous rendez tous les jours.

« Ainsi que vous le dites, vous êtes des conciliateurs; vous vous efforcez constamment de ramener la paix dans l'atelier, dans la manufacture. Grâce à l'ascendant naturel que vous exercez sur vos justiciables, vous évitez bien des conflits toujours fâcheux.

« Vous apportez dans l'accomplissement de votre délicate mission un zèle et un dévouement que je me plais à reconnaître.

« Dites bien à vos collègues tout l'intérêt que je prends à leurs travaux. Ils peuvent être assurés, ainsi que vous, messieurs, de toute ma sollicitude. »

Vous voyez quel soin prend la loi de garantir les droits des citoyens, même lorsqu'il s'agit d'individus soupçonnés d'avoir commis des crimes.

Cette vigilance n'est pas moins active quand il est question des citoyens dont l'honnêteté n'est pas soupçonnée; toutes précautions sont prises pour qu'ils ne soient pas victimes des abus du pouvoir, pour que leur liberté demeure inviolée.

Et tout d'abord la loi n'a pas voulu, la Constitution n'a pas permis que le pouvoir central, ce qu'on nomme le gouvernement, fût tout. Elle a limité son action en donnant aux pouvoirs locaux (départements, arrondissements, communes) des droits sérieux à côté des préfets, représentants du pouvoir exécutif; elle a mis dans chaque département un

Conseil général, nommé par le suffrage universel, qui discute et vote en toute liberté la plupart des décisions qui intéressent le département. Il vote les dépenses nécessaires à l'entretien des chemins vicinaux et des bâtiments départementaux, palais de justice, écoles normales primaires, casernes de gendarmerie, préfectures, sous-préfectures. Il a la faculté d'établir des impôts directs, d'augmenter ainsi les ressources du département sans recourir à l'État. Ces impôts sont désignés sous le nom de centimes additionnels ; ils constituent un centime ajouté à chaque franc de contributions directes perçu pour le compte de l'État, c'est-à-dire pour les services généraux de la France entière. Chaque département a des agents payés par lui, à qui sont confiés la construction et l'entretien des chemins vicinaux, et qui se nomment agents voyers chefs, agents voyers d'arrondissement, agents voyers cantonaux.

Les droits des départements sont complétés par les droits des *communes* qui composent ces départements.

Chaque commune est administrée par un *Conseil municipal,* nommé, comme le Conseil général, par le suffrage universel. Les conseillers sont élus pour trois ans ; leur nombre varie suivant la population de la commune. Il n'est jamais inférieur à dix ; à Paris, il est de quatre-vingts. Le conseil met à sa tête, pour exécuter les décisions qu'il prend, un maire et des adjoints.

Le Conseil vote les fonds nécessaires à l'entretien des rues, des chemins, à l'embellissement de la commune, à son éclairage, à la distribution des eaux, à la construction des écoles, des lavoirs, etc. Il se procure l'argent nécessaire à ces dépenses en établissant un impôt indirect, l'*octroi*, mesure au moyen de laquelle on fait payer une somme. déterminée aux marchandises ou aux denrées qui entrent dans la commune. Si ce procédé ne suffit pas à remplir la caisse, la commune, à l'exemple du Conseil général, a la faculté d'établir des centimes communaux sur les impôts directs.

Voilà bien souvent que nous écrivons ce mot d'impôt et que nous insistons sur la nécessité de trouver de l'argent. C'est qu'il en faut — et beaucoup — pour qu'un pays soit bien administré : Vous avez vu par quels moyens on se procurait l'argent indispensable à maintenir le fonctionnement de la vie nationale. D'autres moyens existent encore dont nous n'avons rien dit. Citons rapidement la contribution foncière, les contributions personnelles et mobilières, les *patentes.* Pour déterminer ce que devait être la contribution foncière, on a apprécié ce que valait la totalité des prés, bois, vignes, terrains de culture, de construction, etc. Cette appréciation générale est renfermée dans ce qu'on appelle le *cadastre.* Dès lors, il n'est pas difficile, en consultant le cadastre, de savoir ce que vaut telle ou telle propriété, et d'obliger le propriétaire à payer un impôt, un tant pour cent, proportionnel à la valeur de la propriété; de même, suivant qu'on paye telle ou telle somme pour prix du loyer de l'appartement qu'on occupe, on est obligé de verser à l'État une redevance déterminée.

Ce sont là les impôts directs; ils sont perçus par les percepteurs; il y en a au moins un par canton. L'argent qu'ils reçoivent, ils le transmettent aux receveurs particuliers, qui résident aux chefs-lieux d'arrondissements; ceux-ci le versent au trésorier-payeur général du département, qui le fait parvenir au ministre des Finances. Les sommes qu'on se procure de cette manière ne suffiraient'pas à l'acquittement des dépenses de l'État, à moins de transformer notre système d'impôt.

Le moyen employé afin d'augmenter les ressources nécessaires, c'est l'impôt indirect. Entendez par là l'argent donné par les commerçants, les fabricants, les producteurs agricoles, qui veulent faire circuler leurs marchandises dans l'intérieur de la France, ou les envoyer à l'étranger, ou encore l'argent donné par les gens qui reçoivent du dehors certaines denrées ou marchandises.

A la frontière de France, les droits perçus s'appellent *droits de douane;* à l'entrée des villes ou villages, ces droits se nomment *droits d'octroi.*

Toute une armée d'employés est occupée à la perception des impôts indirects : directeur des contributions indirectes, receveurs, inspecteurs, contrôleurs, directeurs de l'enregistrement, inspecteurs généraux des finances, etc.

Afin d'éviter des fraudes dans les recettes ou dans les dépenses, on a établi la responsabilité des chefs à l'égard de leurs employés; ce sont eux qui répondent des sommes soustraites ou égarées, en sorte qu'ils sont très actifs, dans leur intérêt même, à surveiller tout ce qui se passe. En outre, on leur impose l'obligation de déposer un cautionnement relativement considérable, qui serait confisqué en cas de malversation. Enfin, il a été créé, pour vérifier l'exactitude des dépenses et des recettes, une *Cour des comptes*, qui ne laisserait passer aucune omission ou aucune erreur.

Peut-être demanderez-vous si tous les ans on paye exactement le même chiffre d'impôts? Nullement, la quotité de l'impôt varie suivant que les recettes ont été plus faibles ou les dépenses plus fortes. C'est la Chambre des Députés, aidée par le Sénat, qui fixe annuellement la somme à percevoir pour payer les dépenses de l'État. Cette fixation a reçu un nom spécial, cela s'appelle établir le budget. L'impôt, on le paye allègrement quand la patrie est respectée, forte, prospère. On doit l'acquitter sans tristesse, dans les jours malheureux où il s'agit de réparer le passé, de reconquérir la grandeur nationale. Pour obtenir ce résultat sacré, pour empêcher notre pays d'être humilié, méprisé (le mépris accordé à la nation retombe sur chacun de nous), aucun effort ne doit nous être pénible. Nous devons nous dire que nous serons d'autant plus respectés, honorés, que nous serons plus préparés à châtier les gens qui nous jalousent ou nous haïssent. De là, nécessité d'une puissante éducation militaire, d'une armée solide, nombreuse, bien disciplinée, animée de l'ardent amour de la patrie.

CHAPITRE VIII

L'ÉDUCATION MILITAIRE

Vous vous souvenez des magnifiques paroles par lesquelles la Révolution française appela tous les citoyens à prendre les armes et à marcher au secours de la patrie envahie et menacée. « La liberté, disait la Révolution, est devenue créancière de tous les citoyens; les uns lui doivent leur industrie; les autres leur fortune; ceux-ci leurs conseils, ceux-là leurs bras; tous lui doivent leur sang. Ainsi donc tous les Français, tous les sexes, tous les âges, sont appelés par la patrie à défendre la liberté. Toutes les facultés physiques ou morales, tous les moyens politiques ou industriels lui sont acquis; tous les métaux, tous les éléments sont ses tributaires. Que chacun occupe son poste dans le mouvement national et militaire qui se prépare. Les jeunes gens combattront, les hommes mariés forgeront les armes, transporteront les bagages et l'artillerie, prépareront les subsistances; les femmes travailleront aux habits des soldats, feront des tentes, et porteront leurs soins hospitaliers dans les asiles des blessés; les enfants mettront le vieux linge en charpie; et les vieillards, reprenant la mission qu'ils avaient chez les anciens, se feront porter sur les places publiques : ils enflammeront le courage des jeunes guerriers, ils propageront la haine des rois et l'unité de la République. Les maisons nationales seront converties en casernes, les places publiques en ateliers; le sol des caves servira à préparer le salpêtre; tous les chevaux de selle seront requis pour la cavalerie, tous les chevaux de voiture pour l'artillerie; les fusils de chasse, de luxe, les armes blanches et les piques suffiront pour le service de l'intérieur. La République n'est plus qu'une grande ville assiégée; il faut que la France ne soit plus qu'un vaste camp. »

La Révolution proclamait, en ces nobles termes, que nous devions nous mettre, sans réserve aucune, au service du pays; elle établissait, d'une manière grandiose, l'obligation pour chacun de nous de contribuer, dans la mesure de nos forces, à la défense, à la protection, au salut de la patrie.

Aucune exception ne saurait être faite à cette règle.

Quiconque pouvant servir son pays se dispense de le faire, est un lâche et un traître. En conséquence, le service militaire doit être le lot de tous, et non le partage de quelques-uns. L'armée ne doit pas être autre chose que la nation armée.

Les enrôlements volontaires

Et comment n'en serait-il pas ainsi?

Pendant la guerre, qu'est-ce que nous protégeons, sinon le territoire national, les villes, les villages où nous sommes nés, où nous avons vécu, que nos ancêtres nous ont légués, où sont accumulés les merveilles d'art, les travaux de civilisation dus aux efforts de générations nombreuses? Nos libertés, notre honneur, le respect de nous-mêmes, nous perdrions tout cela dans la défaite. Un homme qui ne saurait pas obtenir des autres hommes la considération qui lui est due, qui se laisserait bafouer, insulter, aurait l'existence la plus misérable du monde. On abuserait de sa couardise pour l'humilier toujours davantage, le dépouiller de ce qui lui appartient, le faire souffrir sans relâche. Il serait condamné à vivre dans une atmosphère de mépris. Or une nation, pas plus qu'un homme, ne peut vivre dans le mépris. La honte dégrade, elle tue. Comme nation, nous ne saurions nous passer de fierté, et la fierté est un des résultats de la puissance.

Rien de ce qui peut rendre la nation puissante ne doit être négligé. Une grande armée est une des conditions d'existence d'un peuple qui entend rester libre.

Il est trop facile de dire que la guerre est une calamité. Oui, sans doute, mais la servitude est une calamité plus grande, et tant qu'on n'aura pas trouvé le moyen d'avoir raison de la brutalité haineuse autrement que par la force, nous ne pourrons pas nous passer de soldats et d'armée.

Ce qui doit nous préoccuper, c'est d'avoir la meilleure armée possible. Nous avons montré que le devoir, c'était que chacun fût soldat. Ajoutons qu'en cette circonstance le devoir est d'accord avec l'intérêt. Quand le pays est envahi, la solidarité de la souffrance s'étend à tous les citoyens de ce pays; tous, en effet, auront à payer les frais de la guerre, à supporter le poids de l'impôt qui grossira dans la proportion de nos désastres.

Un coup porté à l'extrémité de la frontière retentit à l'extrémité opposée; la fortune publique perd de sa valeur, le prestige national diminue. Il y a plus, nous laissons aux générations à venir un héritage de malheurs, de dettes, et parfois de honte.

La loi qui veut que tout citoyen français fasse partie de l'armée dès l'âge de vingt ans, pendant un nombre d'années qui n'est pas encore officiellement déterminé, cette loi est sage; elle ne l'est pas moins lorsqu'elle ordonne qu'après avoir fait partie de l'armée active, on fera partie de la réserve de l'armée active, puis de l'armée territoriale, et enfin de la réserve de l'armée territoriale.

Mais jusqu'à vingt ans faudrait-il rester étranger aux choses de l'armée? Ne vaut-il pas mieux, au contraire, se préparer de bonne heure aux travaux, aux fatigues de la guerre? Ces travaux sont pénibles pour qui n'en a pas pris l'habitude; ces fatigues sont meurtrières lorsqu'on n'y est pas préparé. Dans la guerre de 1870-1871, nous en avons fait la triste expérience. Nos corps d'armée ont été bien plus désorganisés, toutes proportions gardées, par la faiblesse physique des hommes que par les balles et les obus. Environ 330 000 hommes, faute de pouvoir supporter les fatigues des camps, sont devenus la proie de la maladie ou de la mort. Malades, ils étaient pis que des non-valeurs, ils étaient un embarras et une charge. Il fallait les diriger sur les ambulances, qu'ils absorbaient à leur profit; il fallait les envoyer dans les hôpitaux, qu'ils encombraient de leurs personnes, aux dépens des blessés frappés à l'ennemi. Ou bien encore ils figuraient parmi les traînards, démoralisant leurs camarades par l'exemple de leur faiblesse, et tombant, neuf fois sur dix, comme un gibier facile, entre les mains de l'ennemi qui les faisait prisonniers. Cette terrible leçon indique ce qu'il y a à faire. Avant l'âge de vingt ans, les jeunes gens doivent s'exercer au maniement des armes, aux longues marches. Ils le doivent, dans leur intérêt, puisqu'ils parviendront ainsi à acquérir un développement de forces physiques qui sera pour eux une garantie de santé; ils le doivent dans l'intérêt du pays. En effet, le premier et le plus immédiat des résultats de l'obligation des exercices militaires pour les jeunes gens, à partir de l'âge de dix-sept ans, sera évidemment d'augmenter la valeur de notre armée. Chaque homme ne pourra, cela est évident, acquérir qu'une réelle plus-value au triple point de vue de la discipline, de la science technique et de la force physique, trois éléments qui constituent les qualités du bon soldat. A un âge où l'organisme se trouve en pleine période évolutive, les exercices d'assouplissement ne pourront qu'intervenir utilement pour l'économie générale et le développement musculaire des forces physiques de l'adulte; la longue habitude qu'il aura de la discipline lui permettra de l'observer avec une facilité d'autant plus grande qu'il aura appris plus jeune à se plier aux exigences, et son instruction militaire sera d'autant plus développée qu'il aura travaillé à l'acquérir durant une période préparatoire et en quelque sorte volontaire.

Dès son entrée au régiment, il aura acquis sans effort, au prix de quelques privations faciles, les éléments de ce qu'il ne devait connaître que plus tard, et partout ses éducateurs trouveront en lui un terrain d'instruction déjà approprié à la nature des semences qu'il est appelé à recevoir. Il est incontestable que les années d'exercices préparatoires ne pourront demeurer improductives et assureront à chaque homme, dès son arrivée au corps, une supériorité réelle sur ses devanciers.

Ces raisons sont décisives pour montrer l'excellence de l'enseignement militaire des adultes de dix-sept ans jusqu'au tirage au sort.

D'autres motifs que l'on comprendra facilement militent en faveur de ce progrès; sa réalisation permettrait de donner bien vite à notre armée quelques-uns des chefs secondaires qui lui manquent : les sous-officiers, par exemple. Les jeunes conscrits arrivés au régiment après une préparation de trois ans, connaissant d'une manière suffisante les exercices gymnastiques, de tir et de marche, parviendraient sans trop d'efforts à conquérir rapidement les premiers grades ; dans tous les cas on pourrait ne pas les retenir au delà de trois ans au régiment, assuré qu'on serait, en les laissant partir, qu'ils connaissent assez la profession des armes pour être, à l'occasion, d'utiles soldats.

Ces considérations ont pour but, enfants, de vous exciter à vous occuper sans retard des exercices militaires. Il n'y a pas de plus noble emploi de vos moments de loisir.

C'est par la jeunesse qu'un pays tombé dans une détresse effroyable, l'Allemagne, se releva à partir de 1810, et finit par être une redoutable nation militaire ; les enfants de votre âge, par amour de la patrie, apprirent l'obéissance aux chefs, c'est-à-dire la discipline, le maniement des armes, la vie âpre et dure, gaiement supportée pour le relèvement et le salut du pays ! Ce que des jeunes gens allemands ont su faire, des enfants de la France ne le feraient pas ? C'est impossible. Vous vous préparerez dès l'école à cette vie militaire où vous retrouverez quelques-uns de vos camarades d'aujourd'hui, ce qui est un grand enseignement de fraternité dans le devoir et de grandeur dans la discipline. Dès l'école vous apprendrez le saint respect que l'on doit au drapeau, ce symbole, cette représentation de la patrie. Dès l'école, vous ferez le serment de vous

Statue de Bara, à Palaiseau.

dévouer corps et âme à la nation française et de tout endurer sans chagrin, sans regret, pour faire de votre patrie un pays libre, prospère et grand.

L'armée dont vous ferez partie vous réserve à tous, si vous savez les mériter, ses plus hauts grades et ses plus glorieuses récompenses.

Jadis, avant la Révolution, pour être officier, il fallait, sauf des cas très exceptionnels, être noble. Aujourd'hui le fils du plus pauvre des paysans peut aspirer au grade de général. A vingt ans, il est appelé comme le fils du riche — car l'égalité la plus entière règne en matière de service militaire — à faire partie de l'armée active. Il peut n'y rester que le temps exigé par la loi, mais il lui est permis d'y demeurer sa vie durant, ou jusqu'à l'âge avancé où on lui accordera une pension de retraite. Que de grades il peut acquérir! Dans le régiment où il est, il a pour chef, au plus haut sommet, le colonel qui commande le régiment. Le régiment se divise en bataillons, commandés par un chef de bataillon; les bataillons, en compagnies, commandées par un capitaine, ayant sous ses ordres un lieutenant et un sous-lieutenant, des sous-officiers et des caporaux.

Mais le colonel lui-même a des supérieurs; au-dessus de lui se trouve le général de brigade, qui commande à deux régiments; celui-ci est sous les ordres du général de division, qui commande à deux brigades. Les divisions réunies composent les *corps* d'armée, actuellement au nombre de 19.

Le lion de Belfort.

Au-dessus du grade de général de division, il y a le maréchal de France. Dans la marine, nous rencontrons le titre *d'amiral*, qui équivaut au titre de maréchal ; de vice-amiral, qui correspond au titre de général de division ; de contre-amiral, qui est l'équivalent du grade de général de brigade ; de capitaine de vaisseau, de frégate, de lieutenant de vaisseau, enseigne de vaisseau, aspirant.

Ces grades, je le répète, ne sont donnés ni à la fortune, ni à la faveur : on les obtient par le travail, la capacité et la bonne conduite. Il est beau de s'en rendre digne, mais, dût-on borner son ambition à rester simple soldat, on doit se souvenir que faire son devoir, tout son devoir, dans les rangs les plus modestes, est une joie pour la conscience et une grandeur devant la patrie.

Ce devoir combien l'ont vaillamment rempli dans le passé ! Enfants, souvenez-vous de tous ceux qui sont morts pour vous léguer une France dont vous avez le droit d'être fiers ! des torrents de sang ont coulé, des efforts sublimes ont été tentés pour la liberté et la gloire de notre pays. Souvenez-vous de Hoche, de Marceau, des volontaires de la Révolution, de Bara, de Viala, — qui étaient de l'âge de quelques-uns d'entre vous, — et qui ont généreusement donné leur vie pour la République.

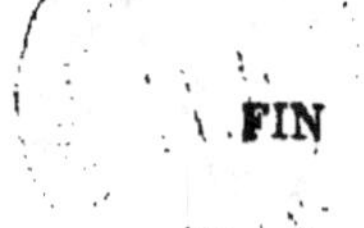

FIN

TABLE DES MATIÈRES

La fraternité.. 1
La famille... 6
La commune... 13
L'école... 19
La gymnastique à l'école.............................. 23
La patrie... 26
L'éducation civique................................... 64
L'éducation militaire................................. 83

Coulommiers. — Typ. Paul Brodard et Gallois.

A LA MÊME LIBRAIRIE

ÉDUCATION MORALE ET CIVIQUE

Barrau : *La patrie*, description et histoire de la France. 1 vol. in-16, avec 19 gravures, cartonné. 1 fr. 50

Duruy (Georges), professeur d'histoire au lycée Henri IV : *Pour la France* : patriotisme, esprit militaire. Livre de lectures patriotiques, à l'usage des écoles primaires ; 3ᵉ édit. 1 vol. in-16, avec gravures, cartonné. 1 fr. 10

Goepp et **Ducoudray** : *Le patriotisme en France*. Choix des plus beaux exemples de dévouement, d'abnégation, et de sacrifice au profit de la patrie ; 3ᵉ édit. 1 vol. in-16, avec gravures, cartonné. 1 fr. 35

Lacombe : *Le patriotisme*. 1 vol. in-16, illustré. 2 fr. 25

Lorrain (A.) : *Récits patriotiques*, livre de lecture courante, à l'usage des écoliers qui veulent devenir de bons Français. 1 vol. in-16, avec 34 gravures et 5 cartes ou plans, cartonné. 1 fr. 50

Mabilleau, professeur à la Faculté des lettres de Toulouse, chargé de l'enseignement moral et civique aux instituteurs de la Haute-Garonne, lauréat de l'Institut. *Cours d'instruction morale et civique*, rédigé conformément aux programmes de 1882. 4 vol. in-16 cartonné :

Instruction morale :

Cours élémentaire et moyen. 1 vol. 60 c.
Cours supérieur. 1 vol. 90 c.

Instruction civique :

Cours élémentaire et moyen, 1 vol. 60 c.
Cours supérieur avec la collaboration de MM. Levasseur, membre de l'Institut, et Delacourtie, avocat à la Cour d'appel de Paris. 1 vol. 1 fr. 50

Masson : *Le dévouement*. 1 vol. in-16, illustré. 2 fr. 25

Pascal (E.), licencié en droit, lieutenant de l'armée territoriale, affecté au service d'état-major : *Le livre de l'élève soldat*, à l'usage des écoles, lycées, collèges, sociétés de gymnastique, bataillons scolaires, etc. 1 vol. in-16, cartonné. 1 fr. 25

Petit : *Le courage civique*. 1 vol. in-16, illustré. 2 fr. 25

Renaud : *L'héroïsme*. 1 vol. in-16, illustré. 2 fr. 25

Simon (Jules), de l'Académie française : *Le livre du petit citoyen*, causeries familières sur la loi, la commune, l'école, le devoir militaire, l'impôt, l'administration, les pouvoirs publics, la caisse d'épargne, les élections, etc. ; 2ᵉ édit. 1 vol. in-16, cartonné. 1 fr. 50

Zurcher et **Margollé** : *L'énergie morale*. 1 vol. in-16, illustré. 2 fr. 25

Coulommiers. — Typ. P. BRODARD et GALLOIS.